인도는 다르다!

13억의 市場 인도 비즈니스 실전 가이드

정인채

조갑제닷컴

prologue

델리行 비행기

"이 비행기는 곧 인디라 간디 국제공항에 도착합니다. 승객 여러분들은…"

그렇다. 인도… 다시 인도, 누군가 그랬듯 난 언제나 인도. 한동안 잠잠했던 내 인생의 인도風이 다시 불기 시작했다. 언제처럼 온다온다 요란을 떨더니 소리 소문 없이 소멸되고 마는 허풍(虛風)이 아니라, 이번엔 제대로 거대한 태풍이 되어 한바탕 세차게 불어오고 있다. 만감이 교차했다. 인도는 더운 곳이지만 오한이 난다.

생애 첫 직장에서 "어이, 인도!"로 불렸다. 인도 사람도 아닌데… 석 자 이름보다 익숙해졌다. 그만큼 조금이라도 인도와 관련된 건 관심을 끌었다. 입사하고 처음 얼마간 신기하단 눈길로 힐끔거리는 사람도 있었다. 누군가는 끝 간 데 없는 질문을 늘어놨다. "네가 인도라며?", "거긴 정말 코끼리가 돌아다녀?", "어디 인도어 한마디 해봐", "자꾸 보니까 인도 사람 같은데?" 뉴 페이스를 향한 호기심이지만, 인도는 비즈니스 세계의 새로운 관심사이

자 낯선 화두이기도 했다. 난생 처음 인도 원숭이를 본 듯 사람들의 얼굴엔 온통 물음표가 달려 있었다. 신입의 입장에선 은근히 반길 일이었다. 새로운 곳에서 관심을 받고 존재감을 가진다는 게 그리 쉬운 일은 아니고, 한참 기합이 들어간 시절이라 어떤 종류의 관심도 감지덕지했다. 다만 아쉬운 건 그 관심이 그리 오래 가진 않았다는 점이다.

비행기는 활주로 위로 철퍼덕 요란하게 주저앉는다. "돌아왔구나." 인도로 돌아온 소회였다. 델리는 십년 만인가? 드디어, 이제야, 겨우, 비로소, 기어이, 정말… 어떤 부사(副詞)를 붙여도 어울리겠지만 막상 입 밖에 내자니 부질없다. 윤회를 믿는 인도와 한 번 맺은 인연이란 질긴 법이다. 내 기준에선… 이대로 잊힐까 두려울 만하면 돌아오는 인연이다. 공항의 풍경은 예전과 많이 다르다. 영세한 버스 터미널 같던 모습도 사라진 지 오래다. 하지만 여전히 익숙하다. 대수롭지 않은 듯 몇 시간씩 연착되는 것도 여전하고, 대합실의 호객꾼들도 여전하다. 변화와 불변이 섞여 무쌍하다. 그 혼돈 자체도 여전히 인도다운 점이다. 반갑다.

그러나 나는 십년 전과 다르다. 이번 인도行은 여행이나 출장이 목적이 아닌 살기 위해 떠난 길이다. 이 글은 그 살기 위한 이야기를 다룬다.

정 인 채

contents

프롤로그　델리行 비행기 >> 06

1_설립

주사위는 던져졌다 >> 012
설립 계획 / 확신의 시간 / 선택과 기회 / 물러서지 않을 자신 / 물어보는 지혜, 아는 것이 힘 / 바하나를 고르는 법 / 시간 예측 / 주사위를 던지다

형제들의 아내 >> 033
가짜 9번 (False 9) / 서류 천국 / 수업료의 원칙 / 레모네이드 / 비마나를 고르는 법 / 건물주와 세입자 / 법인의 탄생

2_운영과 생산

누구에게나 처음 >> 056
공간 / 현판 세울 때까지 / 풍요 속 빈곤, 빈곤 속 풍요 / 사람 運 / 식솔의 조건 / 내로남불 / 빌린 사람들 / 錢과의 동고동락 / 채우기 / 어린 부부

와신상담 >> 082
프로세스 메이커 / 시간 / 관리 시스템 / 찬드니 쵸크의 십자 나사 / 국산화 / 지금보다 다음 / 돼지신

질량 이변의 법칙 >> 098
순수 물리 / 지난 잘못은 다시 묻는다 / 손실에 관한 여유 / 기쁨의 수확 / 이 또한 지나가리 / 품앗이와 기습 파업 / 우리 공장으로 와 / 출하 / 현장의 사투 / 추풍낙엽 / 어디선가 머물고 있을 錢에게

동족상잔 >> 119
답은 정해져 있다 / 맘대로 만든 공식 / 세무사 다시 만나기

3_생활

생활의 진실 >> 126
인도 아파트 / 無중간 지대 / 유쾌한 좌절 : 화내지 말고, 아프지 말고 / 도시인 / 밤의 쿵푸 / 비둘기 가족 / 무소식이 희소식은 아니다

생활의 반전 >> 150
수표 거래 / 테스트 드라이버 / 전기 빈대 / 不살생의 추억 / 회식 / 짜이여, 안녕

4_비전

다음을 향한 첫걸음 >> 170
계절의 변화 / 뜨거운 도전 / 인도 재수생 / 푸네 비즈니스 / 인큐베이팅 / 인도 比 중국 / 일확천금을 기대하지 않는 전략 / 경마장 가는 길

에필로그 이별은 뜨겁게 >> 194

1

주사위 놀이와 드라우파티

설립

주사위는
던져졌다

:

쿠루족의 왕위를 계승한 판두는 속세를 떠나 고행길에 오르고, 눈이 멀어 본디 왕이 될 수 없었던 드리타라스트라가 그를 대신해 왕국을 다스리게 된다. 고행을 떠난 판두는 신의 축복을 받아 유디스티라, 비마, 아르주나 등 다섯 아들을 얻는다.

이 다섯 형제가 장성해 곧 판두족을 이룬다. 한편 눈 먼 왕 드리타라스트라 역시 아이를 가진다. 그러나 쿤티(注: 판두의 첫째 부인)가 먼저 출산했다는 소식을 들은 그의 아내 간다리는 시기심에 배를 때려 흉측한 살덩이를 낳고 만다. 그 살덩이는 백 하나의 살점으로 갈라지고, 각각 항아리에 넣어 봉하니 정확히 이 년 뒤에 백 명의 아들과 한 명의 딸이 나온다. 이중 백 명의 형제가 곧 카우라바족으로 성장한다. 쿠루족의 한 핏줄인 판두족과 카우라바족은 하나의 왕좌를 두고 떠오른 두 개의 태양이 된다.

왕국은 번영한다. 그러나 사심에 눈 먼 드리타라스트라는 천명(天命)을 거슬러 판두족을 박해하고, 영토의 절반을 떼어준다는 명분으로 불모지로 쫓아낸다.

그럼에도 판두족 형제들은 그곳을 융성한 땅으로 일구어 내며 그 명성을 만방에 떨친다. 이를 시기한 카우라바족은 판두족 형제를 도발하고, 두 종족 간엔 운명을 건 주사위 놀이가 벌어진다. 판두족의 맏형 유디스티라는 타고난 주사위 놀이꾼 샤쿠니를 앞세운 카우라바족에게 연전연패를 거듭하고, 땅과 재산 그리고 동생들까지 잃고 만다. 판돈을 다 잃은 그를 향해 카우라바족은 본색을 드러낸다.

"그대들의 아내 드라우파티 공주가 남아있지 않소? 공주를 걸어 잃은 걸 되찾는 것이 어떻겠소?"

인도는 서사 문학이 곧 종교 서적이고 사상과 철학 등이 정신적 토대를 이룬다. 그런 인도에서 2대 서사시 가운데 하나로 손꼽히는 것이 바로 〈마하바라타〉다. 위대한 바라타 왕국을 다룬 이 이야기는 또 한편으로 판두족 형제의 성장기로 온갖 고비를 넘고 천명을 받들어 성군의 시대를 여는 과정을 그렸다. 인도의 고대 역사이기도 한 이 장대한 서사시는 권좌를 두고 대립한 혈족간의 암투와 동족상잔의 비극을 다룬다. 도박은 하지 말아야 하거늘…

주사위는 던져졌다. 어쩌다 여기까지 온 걸까? 승리에 흥분한 카우라바족은 선언한다. "드라우파티를 얻었소!" 판두족은 뒤늦게 카우라바족의 음흉한 음모를 깨달았지만 이미 던져진 주사위는 물릴 수 없다. 군중 앞으로 끌려나온 드라우파티는 카우라바족에 의해 능멸을 당하고 모든 것을 다 잃은 판두족은 왕국에서 추방당해 유배를 떠난다. 그들은 혹독한 대가를 치른다. 이 또한 운명이거늘…

판두족이 당한 치욕은 향후 그들의 인내와 성장 그리고 복수의 원동력이 되어준다. 허무하게 가진 것을 잃고, 잃은 것을 간절하게 도모하며 다시 쟁취해내기까지 결국 운명에 따라 주사위를 던지고, 그 대가 또한 신이 부여한 고난의 숙명으로 받아들인다.

판두족인지 카우라바족인지 모르지만, 다시 인도로 향하는 나도 어쩐지 그처럼 비장한 심정이 되어 운명의 주사위를 던진다.

설립 계획

"아직 결정된 건 없지만, 마음의 준비는 해두라고!"

작년(2011년) 연말이었다. 하지만 별 일 아닌 듯 흘러나온 이야기가 수면 위로 떠오르기까진 한 달이 채 걸리지 않았다. 인도 법인 설립이 가시화된 것이다. 그간 까맣게 잊고 지냈건만, 인도풍이 심상찮았다. 어쩐 일인지 요즘 들어 직장 생활이 순탄하다 싶었다. 모처럼 연애의 기운도 모락모락 싹트던 때였다. 하지만 사랑보다 인도에 빠져야 할 시간이 되었다. 대수로운 일도 아니다. 이제껏 인도는 항상 헛바람만 불고 말았던 곳인데, 법인이라니 무척 설레는 이야기다.

'만약 법인을 세우게 되면'이란 단서는 붙었지만, 주어진 일정은 꽤 촉박하다. 지금이 연초인데 하반기엔 현지 생산을 시작해야 한다니, 이건 말을 배우자마자 시를 읊으란 얘기다. 현장에 대한 온도차가 있다. 만약이 실제가 되면 보통 일이 아니다. 인도를, 촉박한 일정에, 그것도 온갖 이프(if)를 단 채로 도모하면 담당자의 입장에선 난감하다. 빠듯할 텐데… 변수가 많은 인도는 최대한 여유를 두어야 한다.

여유가 필요한 건 회사도 다를 바 없다. 수출과 해외 프로젝트에 잔뼈가 굵었지만 법인을 세우고 생산하는 건 처음이다. 고객과 심도 깊은 논의를 하고, 여러 각도에서 내부 검토가 이어지니 자연스레 의사 결정은 지연된다. 그 누가 쉽사리 결정할 수 있을까? 적잖은 투자가 들어가고, 경우에 따라선 사운(社運)이 걸린 일이 될 수도 있다. 더욱이 인도, 탐나는 곳이고, 일필휘지 풍운의 그림이 절로 그려질 듯해도 현실은 녹록치 않다. 두 발을 내딛고 계속 버텨내려면, 웬만한 어려움엔 꿈적하지 않는 뚝심과 과단성이 필요할 것이다. 신중하게 생각하고 결정할 것, 그리고 한 번 결정을 내리면 절대 흔들리지 않을 것. 진출 여부에 대한 가이드라인이다. 말은 쉽다. 그런데 그 말이 참 인도와 어울린다.

회사는 인도의 공공사업 분야에 참여하는 것이다. 외자 유치를 받아 공기업이 주관하는 사업인데 인도와 한국의 다양한 기업들이 컨소시엄으로 참여해 입찰을 수주했다. 현 시점에서 공공사업은 인도에서 외국 기업이 노릴 수 있는 가장 유효한 사업 거리 가운데 하나다. 그런 의미에서 인도 진출의 큰 물꼬를 틀 만한 호재를 맞이한 셈이다. 다만 고민에 빠진 건 입찰 시 특별한 조건이 하나 걸려 있었기 때문이다. 바로 '메이드 인 인디아(Made In India)' 즉 생산 현지화가 필요하다는 것이다. 까다로운 일이다. 과연 현지의 제반 여건이 따라줄까? 자재와 부품 수급은? 품질 관리는? 좋은 기회를 얻었지만, 가능한 고객을 설득해보려는 시도가 선행되었다.

그럼에도 고객의 요구는 명확했다. 현지 생산은 프로젝트의 큰 명제였다. 그나마 현지화 생산의 조건이 일부 완화되었다. 현실적으로 완벽한 현지화 생산은 불가능했으므로 부분적인 부품 현지화와 조립 생산으로 조정된 것이다. 얼마의 갈등과 고민 속에 그런 결정이 내려졌을지 짐작할 수 있었다. 그런 과정을 거치며 법인 설립은 만약이 아닌 현실로 기정사실화 되어갔다. 나는 자연스럽게 본격적인 법인 설립 작업에 돌입했다. 일정은 촉박했고, 조급한 마음속으로 째깍째깍 초침 소리가 들리는 듯했다. 하지만 신중하게 진행시켜야 할 일이었다. 인도에서 급행은 권장할 것이 못된다. 회사는 가능한 의사 결정을 미뤘으므로 중요한 건 대처할 수 있는 준비가 되어 있어야 했다. 필요로 하는 순간 원하는 일이 뜻대로 풀린다는 보장이 없다. 두 손 놓고 기다리진 않았고, 법인 설립에 경우의 수를 두고 내부적으로는 조금씩 검토를 진행해두었다. 그런 면에서는 대응이 빨랐다.

곧바로 의사 결정을 위한 설립 계획 보고를 준비했다. 거기엔 진출(투자)

형태 및 법인의 역할 정의, 설립 일정 등 예상 시나리오, 운영 계획, 비용 예상 등이 포함된다. 계획이란 처음엔 상당 부분 예측(시뮬레이션)에 근거한 경우가 많다. 하지만 이러한 예측이 밑바탕이 되어 단계별로 검증해 나가고, 진출에 대한 의사 결정은 물론 향후 법인 운영의 방향성을 결정한다. 문서 작업에 회의적인 시각도 있지만, 중도에 수정되는 한이 있어도 미리 그려보고 예상해보지 않은 계획은 드로잉 없는 조각품과 같다. 명시된 목표가 있어야 가야 할 길로 가고 변수에도 대응할 수 있다. 기민한 움직임이 필요한 소규모 사업일 경우 문서 작업은 요식 행위에 그칠 수 있지만, 법인 설립과 같은 일은 종합 계획(Master Plan)을 가지고 하나하나 달성 여부를 체크해야 하는 일이다. 급할수록 그렇다.

예측에 기초한 계획은 현실에 대입해나가며 점차 정확도를 높였다. 그 결과 정해진 기한 내에 목표를 어느 정도 달성했다. 연초부터 한국과 인도를 오가다가 법인을 등록하고 완전히 인도로 건너간 것은 상반기가 끝날 무렵이었다. 공교롭게도 6월 25일이 법인 설립일이 되었는데, 결코 완전할 수 없고 각종 인허가 절차 등 세세한 준비 과정은 남았지만, 일단 모양새는 갖춰졌다. 턱걸이는 한 것이다.

확신의 시간

6개월은 충분한 시간이다. 법인의 성격이나 규모에 따라 차이는 있겠지만, 결정을 내리고 내달릴 준비가 되어 있다면 가능하다. 실질적인 등록 과정을 밟아 법인의 형태가 드러나는 데 최단 3개월도 불가능한 건 아니다. 다만 이러한 속도전에는 여러 가지 여건이 뒷받침되어야 한다. 결정이 지지

부진하고, 담당자가 지정되지 않거나 필요한 일들이 제때 지원되지 않으면 얼마나 걸릴지 알 수 없다. 그런 여건이 갖춰지지 못할 경우 아무런 진척 없이 일 년 이상의 시간을 허비하는 경우도 많이 보게 된다.

얼마나 빨리 세우느냐는 중요한 문제가 아니다. 부실한 건 시간을 허비할 더 난감한 문제가 되어 돌아올 뿐이다. 돌다리도 두드려서 건너듯 바람직한 형태로 필요한 절차와 과정을 빠짐없이 밟으면서 진행해야 한다. 문제는 지나친 신중함도 미덕이 아니라는 점이다. 매 단계 벽에 부딪힐 때마다 확신이 없고 의심이 생긴다. 직접 확인하고 알아본다며 한국과 인도만 오가다가 시간만 보내고, 그만큼 거쳐야 할 절차도 무한정 지연될 것이다. 주체가 되어 일을 전담할 사람을 지정하고, 전폭적으로 믿고 지원하지 않으면 어렵게 인도行을 결정해도 잘 진행되는 일이 없다. 쉬운 일은 아니다. 하지만 의심을 거두고 확신을 가지지 않으면 인도 진출을 해도 그 이후가 가시밭길이다.

인도를 향한 기대를 다시 거두는 경우는 많이 겪어왔다. 그래서 법인 설립이 결정되자 온몸이 전율했다. 오디션에 나선 오랜 무명배우가 마침내 캐스팅되었을 때의 느낌 같은 것이다. 이번엔 달랐다. 모두에게 의지가 있었다. 법인 설립과 관련된 일도 도맡게 되었는데, 진행 과정에 있어 모든 필요사항을 제때 전폭적으로 지원하며 힘을 실어주었다. 그 일을 누가 맡느냐는 것도 중요하겠지만, 그보다는 굳은 의지와 신뢰 그리고 거기서 비롯된 적재적소의 지원이 중요하다.

우리의 상식이 통하지 않는 인도의 사정, 이해되지 않는 부분들에 관해 귀를 열고 유연성을 가져야 한다. 담당자는 물론 인도에 진출하는 기업도 그러하다. "정말 그렇게 해야 돼?" 하고 되묻지만 정말 그렇게 해야만 하는 경우가 많다. 직접 겪지 않으면 쉬 납득할 수 없으므로 롤러코스터를 타듯 눈을 감으면 오히려 나을지도 모른다. 하지만 인도에서의 기나긴 여정을 위해서라도 모두가 깊은 관심을 가져주는 것이 바람직하다. 현장의 담당자 혼자가 아니라 기업이 인도로 가는 것이다. 더 깊이 이해한다면 서로가 좋고, 과정의 어려움도 상당부분 유쾌한 우여곡절로 승화시킬 수 있을 것이다.

선택과 기회

기업이 인도로 향하며 가장 먼저 꺼낼 질문은 과연 어떤 투자 진출의 형태를 취할 수 있느냐는 것일 듯하다. 인도의 투자 진출 형태는 크게 법인과 법인 외 외국인 직접 투자 방식인 연락 사무소, 프로젝트 오피스, 지사 등으로 나뉜다.

〈표1〉 진출 형태 구분

연락 사무소
– 시장 정보 수집, 본사 및 제품 관련 정보 제공, 수출입 및 본사와 현지 회사 간의 협력 촉진 활동 가능함 – 영업활동은 할 수 없고, 어떤 방식의 소득도 취할 수 없음
프로젝트 사무소
– 특정 프로젝트 수행을 위한 것으로 프로젝트 관련 외 활동은 할 수 없음 – 프로젝트 종료 후 RBI(인도중앙은행)의 승인을 얻어 이익금을 해외 송금할 수 있음
지사

– 제조 및 무역업에 해당하는 외국 기업이 아래의 목적으로 설립함
    재화의 수출입
    전문서비스 및 수출입서비스
    본사와 관련된 연구 사업
    인도회사와 본사 간의 기술 및 금융 협력 추진
    인도에서 본사를 대표하여 구매 및 판매 에이전트 활동

정보 기술 및 소프트웨어 개발 서비스 제공
  본사 제공 상품에 대한 기술 서비스 제공
  외국 항공 및 해운 회사 등
- 납세 후 이윤을 RBI의 가이드라인에 따라 해외 송금할 수 있음

- 신청서(FNC-1) 작성 후 RBI의 승인 요청
- 제출 서류(주한 인도대사관 공증 필요)
  모기업 정관
  모기업 대차대조표
  사업자등록 사본 등
  프로젝트 사무소의 경우 관련 증빙 추가
- RBI 승인을 얻은 뒤 30일 이내에 ROC(회사 등록)에 등록해야 함
- 연락 사무소의 경우 영업 행위를 하지 않으므로 세금을 납부하지 않으며 법인 PAN Card(법인세 납부 번호), Sales TAX(판매세) 등 신청할 필요 없음
  개인 PAN은 필요
- 설립 절차가 비교적 간단함

법인

- 인도 회사법(Companies Act, 1956)에 따라 자회사 또는 합작회사 형태로 설립됨
- 인도기업으로 다른 인도 국내 기업과 동일한 인도 내 법 규정을 준수함
- 주식의 공모 여부에 따라 비공개회사(Private Company)와 공개회사(Public Company)로 나뉨

비공개 회사
- 납입 자본금 10만 루피 이상
- 발기인 수 50명 이하
- 일반에 주식 또는 채권 청약 신청을 받지 않음
- 발기인, 이사 또는 그 친척 외 개인으로부터 출자 받지 않음
- 주식의 양도권이 제한될 수 있음

공개 회사
- 납입 자본금 50만 루피 이상
- 주주 최소 7인

- 자동승인 업종(Automatic Route) 여부 확인
  자동승인 업종에 해당될 경우 일반적인 ROC 등록 등 행정 절차를 거쳐 법인 설립함
  자동승인 업종이 아닐 경우 FIPB(Foreign Investment Promotion Baord)의 승인이 선행되어야 함
  대부분의 제조업은 자동승인 업종
- 생산 법인(제조업)의 경우 공장등록 등의 인허가 신고 및 승인 과정을 추가로 거쳐야 함
- 설립 절차(일반)
  FIPB 승인(자동승인 업종은 생략)
  상호 결정(Form 1A ROC제출)
  회사 정관 작성

법인 설립 신고 및 법인증 발급(관련 서류 ROC제출)
PAN 신청 및 수령
은행 계좌 개설
TDS Number(세금 공제 및 비용 인정 고유번호) 신청
IEC(수출입 허가번호) 신청
세금(Sales TAX, Service TAX, Excise TAX) 관련 고유번호 신청
공장등록, 노동부 등록, 발전기 사용허가, 소화기 등록 등

*자료 : 인도 통상 투자 진출 안내서 (주인도 한국 대사관) 등

흔히 초기 진출 방식으로 가장 먼저 연락 사무소를 고려한다. 기업의 입장에 따라 바로 지사나 법인을 설립하느냐 연락 사무소부터 설치하고 단계적으로 접근하느냐를 두고 고민할 수 있다. 설치가 간단하고 위험 요소가 적은 연락 사무소는 시장을 탐색하고 점진적으로 기회를 창출하며 장기적으로 법인으로 향하는 가교 역할을 한다는 점에서 가장 기본적인 형태다. 단, 연락 사무소는 말 그대로 연락을 취하는 사무소일 뿐이다. 영리 활동이 일절 불가능하고, 곧바로 비즈니스 활동을 전개해야 할 경우 고려의 대상이 아니다. 프로젝트 오피스 또한 비교적 설치 과정이 간단하지만, 특정 프로젝트에 한해 다른 사업을 할 수 없고, 그 조건에 맞지 않으면 해당되지 않는다. 앞선 진출 방식에 해당되지 않는다면, 기업의 성격과 목적에 따라 지사나 법인 형태의 진출을 고려해야 한다. 지사 또한 법인에 비하면 그 설립 과정이 비교적 수월하지만, 현지 생산이 목적이 될 경우는 법인을 설립해야 한다. 법인은 실질적으로 현지 기업과 동일한 조건의 현지 기업이라고 볼 수 있다.

한편 기회가 있다면 현지 기업과의 합작도 고려할 것이다. 하지만 합작 진출은 난이도가 높다. 상대를 신뢰하고 서로의 장점을 활용하는 것이지만, 미래는 누구도 장담할 수 없다. 좋은 성과를 내고, 우호적 관계를 유지하면 문제없지만, 만약 결별하거나 분쟁이 발생할 경우 해결이 난망해진다. 일단

뉴델리 간디 슴리티에 새겨진 간디의 마지막 발자국, 인도 법인 설립은 묵묵히 거쳐야 할 과정을 거치며 한 걸음씩 가야 한다.

합작으로 진출했다가 단독으로 전환하는 것도 쉬운 일은 아니다. 인도에서의 사업 노하우가 합작 상대인 현지 기업에 집중되었어도 난감해진다. 합작은 그 시작부터 지분과 주도권 등 쌍방의 타협점을 찾아야 한다.

인도에 깊이 뿌리내리기 위해서는 유의미한 행보를 취해야 하므로 자체 기반을 마련하고 노하우를 쌓는 것이 정공법이다. 하지만 무에서 유를 만드는 건 전혀 다른 이야기고, 인도에서 맨땅에 헤딩하기란 쉽지 않다. 대개의 경우 먼저 연락 사무소를 설치한 뒤 조심스럽게 단계를 밟으며 기회를 모색한다. 인도를 보는 눈을 먼저 단련하고 현지 환경을 제대로 파악하는 것이므로 연락 사무소도 소극적인 접근이 아닌 견고한 접근이다.

다만 기회가 왔고 시간은 유한하니 크게 고민할 게 없다. 당장 하반기부터 현지 생산을 해야 하는 입장이니 곧장 법인 설립이다. 목표는 분명하다.

얼핏 다양해 보이지만, 주어진 환경과 여건을 대입해 보면 실상 선택지가 많지 않다.

물러서지 않을 자신

"정말 해보실 생각인 거죠?"

문득 옛 일이 생각났다. 몇 해 전, 이곳에 합류하기 전 마지막으로 꺼낸 질문이다. 회사는 앞으로 인도 시장도 내다본다고 했다. 면접 마지막에 할 말 있으면 해보라기에 내뱉다 보니 좀 당돌한 질문이 되고 말았다. 원래 그런 건 없다고 답하는데… 어째 질문이 거꾸로 되었다. 건방져진 탓이지만, 비즈니스 미아처럼 표류하는 일은 두렵다. 그 또한 직장인이 감당해야 할 일이지만, 이젠 인도라고 하다가 결국 뒤로 물러서는 경우가 많아 나도 모르게 까칠했다. 더울 땐 늘어지고 추울 땐 웅크리는 본능적인 반응 같은 것이다.

아차하고 실수했다 싶은데 답변이 의외로 화끈했다. "물론이죠, 무조건 해봐야죠." 그 말에 마음을 굳혔다. 하지만 당시엔 정말 인도 법인을 세우게 될지 몰랐다. 간간이 인도에 관한 이야기가 나왔지만 유야무야되고 나도 한동안 다른 일에 힘을 쏟았다. 그러다가 인도로 가는 길이 열리자 회사는 만사를 제쳐두고 나를 소환한다. 결국 약속을 지킨 것이다. 의지와 결단력이 엿보이니 한번 해볼 만하다는 희망과 의욕이 생긴다. 이젠 내가 약속을 지킬 차례다.

우리가 세울 법인은 비공개 회사로 FIPB(Foreign Investment Promotion Board)의 허가가 필요 없는 자동승인 업종이다. 특수 분야가 아닌 이상 대부분의 업종은 여기에 해당된다. 진출의 형태가 결정되자 구체적인 모양새가 그려진다. 시나리오는 세워두었다. 무작정 현지로 간다고 답이 보이진 않는다. 영화처럼 법인 설립은 시나리오 없이 크랭크인될 수 없다. 무엇을 언제 어떡하느냐에 대한 전체 그림이 그려지고 그 그림은 곧 비용으로 환산되어야 한다. 전체 예상 일정 그리고 비용 등은 의사 결정의 근거일 뿐 아니라 단계별 지침서가 된다. 의사 결정을 얻어야 할 사안, 지원이 필요한 사항도 미리 정리된다.

시나리오에 따라 법인 설립과 공장 인허가 등 일련의 과정을 하나씩 밟아나간다. 설립에 관련된 일은 한 사람이 중심이 되어 주도해나가는 편이 효율적이다. 부담스러운 업무량이지만 끄는 말은 하나가 나은 편이다. 현지에서 필요한 도움은 컨설턴트를 얻을 계획이다. 할 일이 많다. 하지만 공을 들여 레고 블록을 조립하듯 미지의 과정을 주어진 시간 동안 차근차근 진행시켜 나가면 된다.

한 가지 담당자가 명심할 건 공감대를 유지하는 일이다. 그 과정을 혼자 알아서는 안 된다. 밖에서 보면 제대로 하는 것이 맞는지 그 과정과 진행 사항에 의문이 많이 생길 수 있다.

소통이 부족하면 온갖 고초를 겪으면서도 일을 끌고 나가기 어렵고 무능력한 담당자가 되기도 쉽다. 일을 제때 이어나가려면 인도에 관해 한마음이어야 하는데 담당자의 보고만으론 부족하다. 기업은 인도에 깊은 관심을 기울여야 한다.

의사 결정권자와 관련자 모두가 인도에 대한 소양을 갖추는 것이 좋다. 담당자는 전시회, 설명회, 교육 프로그램 등의 참석을 권유하고, 현지 진출 업체와 컨설턴트와의 만남을 주선하는 것이 영리한 방법이다. 신뢰하지 못하는 게 아니라 주석이나 인용 문구를 쓰듯 반드시 제3자의 의견이 필요한 순간이 있다. 그런 다음 이런 질문을 던질 수 있어야 한다. "그럼에도 불러서지 않을 자신 있습니까?" 아무쪼록 알고 힘을 실어주며 지지를 얻어야 설립뿐 아니라 법인의 운영도 감당해낼 수 있다.

물어보는 지혜, 아는 것이 힘

외부자문의 가치를 인정해야 한다. 인도 진출에 있어 가장 자주 해야 할 일이 물어보는 일이다. 물어보되 비용을 지불하고 싶진 않은데, 인도는 의문 투성이다. 지불할 비용이 결코 크지 않고 그에 비해 값은 제대로 할 것이다.

컨설턴트는 계약 이전부터 도움이 된다. 제안과 견적만 받아보아도 어느 정도 가이드라인이 잡힌다. 아무 것도 모르고, 갈 길이 아득할 때 길잡이가 되어주는 것이다.

물론 아는 게 힘이므로 본격적인 서비스는 계약 이후부터다. 사실상 그때부터 일정과 비용에 대한 제대로 된 정보가 파악된다. 묻는 일이라면 인도 선배들의 경험담이 피가 되고 살이 된다. 살아있는 현장 경험은 큰 도움이 될 것이다. 현지에 진출한 한국 기업을 방문하면 살아 있는 이야기를 들을 수 있다.

한편 독불장군도 있기 마련이다. 다소 미련하지만 법인 설립의 모든 과정을 몸소 겪는 것은 존중받을 만한 생각이긴 하다. 인도와의 진한 몸의 대화야말로 인도를 아는 지름길이 아닌가. 게다가 원칙적으로는 못할 일도 없다. 필요한 서식[1]을 받아 직접 관공서를 찾아다니면 될 일이다. 한번쯤 실

---

1) Ministry of Company Affairs : www.mca.gov.in

상을 경험해보는 것도 무조건 말릴 일은 아니다. 다만 시간이 갈수록 그건 비효율적인 일이라는 걸 깨닫게 된다. 낯선 절차와 문화에 필요 이상으로 많은 시행착오를 겪는다. 인도는 분업의 사회다. 직접 할 건 하고 맡길 건 맡겨야 일이 풀린다. 오히려 컨설팅 등 외부의 조력자를 잘 두고 적극적으로 활용하는 것이 효율적이다. 특히 인도 관공서를 상대해야 하는 행정 업무는 가급적 현지인에게 맡겨두는 게 옳다. 이럴 때 인도 인력을 보유하고 있는 자문 기관의 도움을 받는다. 직접 겪으며 인도를 알아가는 것은 분명 의미가 있지만, 그보다는 인도에서 직접 관여할 부분과 그렇지 않은 부분을 아는 것이 현명한 생존 요령일 것이다. 인도人도 심부름꾼이나 사환을 두고 직접 하지 않는 일이 많다. 지나친 경험도 기회비용의 낭비다.

바하나를 고르는 법

치열한 일전을 앞두고 무기가 필요하다. 힌두교의 신들은 자신을 상징하는 징표처럼 저마다 타고 다니는 탈 것이 있는데, 이를 바하나(Vahana)라고 한다. 다시 말해 천상의 이동 수단이다. 말이 끄는 마차나 코끼리, 사자, 염소, 쥐, 뱀, 온갖 종류의 새 등의 동물들로 각기 힘과 지혜, 위엄과 아름다움 등을 상징하고, 신에 따라 그 종류가 다양하다. 법인 설립에 있어선 컨설턴트가 곧 인도行 바하나다.

몇 가지 선택의 기준이 있다. 일단 인도에 상주해야 한다. 한국에 머무르거나 한국과 인도를 오가는 것보다는 가급적 현지에 제대로 된 소재지와 인력을 갖추고 있기를 원한다. 한국인 관리자도 있고 인도인 실무자를 고용한 곳은 필요한 일을 대응하기가 수월하다. 마찬가지로 진출 지역에 근접해 있는 게 좋다. 가령 델리에 법인을 세우는데 남인도에 있다면 아무리 좋은 능력을 갖춰도 일이 아주 원활하다고 할 순 없다. 무용담보다는 실전 경험, 실체를 보고 어떤 일을 해왔는지 확인하는 건 당연하다. 직접 방문해보는 것이 바람직한데, 외연에 너무 큰 무게를 두어선 곤란하다. 근사한 것도 좋지만 실제 인도는 거칠다. 낡고 혼잡하며 보잘 것 없는 곳에 있더라도 백전노장에 알맹이를 갖췄다면 충분하다.

크고 작은 것에는 장단이 있기 마련이다. 작은 고추가 맵지만, 모양새가 덜 갖춰져 신뢰를 얻기 어려울 수 있다. 그런 고민을 한다면 일찌감치 규모가 있는 컨설턴트를 택할 일이다. 진행하는 일의 규모에 따라선 좀 부담될 수 있어도 정확한 시스템과 관리를 중시한다면 그 방향에 초점을 맞추고 선택지를 좁히는 게 옳다. 인도에선 일은 맡겨놓고 믿지 못하면 더 난감해진다. 견적과 비용 이상의 일을 함께 도모해야 하니 합이 맞아야 일이 수월해진다. 나도 몇 군데 후보를 두고 고민하는데, 내 경우엔 크든 작든 기민하게 움직여줄 바하나가 필요하다. 제대로 골랐다면 숙마(熟馬)처럼 처음 인도로 온 사람들의 편의를 봐줄 것이다.

선택은 어떤 분야에 강점이 있느냐에 따라 달라질 수 있다. 법인 설립 외에 부동산 관련 자문을 겸하는 곳도 있다. 법인 설립과 동시에 생산을 준비하는 입장에선 신속한 입지 선정 등 부동산 방면도 도움을 줄 수 있는 업체를 선정한다. 또 한 가지 고려할 만한 것은 플랜B 업체의 확보다. 어떤 상황이 일어날지 모르니 만약을 대비하고, 필요로 하는 영역을 분담하는 등 요긴하게 쓰일 수 있다. 막상 일이 진행되면 컨설팅 계약 밖의 일도 많다. 그런 부분들을 보강하며 부족함을 메워나가기에 서브 업체의 확보는 상당히 효율적이다. 플랜B를 물색한다면 해외 진출 관련 정부 지원 사업 등을 검토하는 것도 도움이 된다. 자격 요건을 갖출 경우 그런 프로그램은 적은 비용으로 활용할 수 있는 요긴한 방법일 것이다. 신중한 계획과 불패(不敗)의 대비책이 결국 긍정적인 결과로 이어진다. 그런 식으로 내 손엔 두 가지 바하나가 동시에 쥐어진다.

  컨설팅 업무의 범위도 꼼꼼하게 살펴야 한다. 법인 설립과 관련된 업무 외에 추가적으로 필요할 만한 사항도 미리 계약에 포함시켜두는 게 좋다. 진출 초기에는 일손이 부족해 도움 받을 일이 많다. 거기엔 세무사, 개인 부동산 중개, 인력 채용, 협력업체 알선 등이 포함되며 그 중엔 성사 시 건에 따라 수수료를 지불하는 일도 있다. '바하나'는 능수능란하게 다룰 줄 알아야 한다.

  현지 문제에 관한 한 컨설턴트의 활용도는 상당히 높다. 특히 한국과 인도의 업무를 나누면 효율적이다. 막막한 설립 업무 외에 부동산 중개, 인사 채용 등 설립 후 초기 셋업(Setup)의 일부까지 의지해볼 수 있다. 긴밀하게 연락을 취하지만 실력이 좋으면 자주 만날 필요도 없다. 처음엔 한국에서 준비해야 할 부분도 많으므로 직접 참여하거나 동석해야 할 일이 아니면 굳이 처음부터 인도에 머물 필요가 없다. 대리인이 전방에서 초기의 절차를 밟아나가는 사이 한국에서 작성해 인도로 보내야 할 서류가 산더미다. 협업을 하면 일도 빠르고 시간과 비용도 아낀다. 일단 최소한의 기본 골격이 잡히면 그 다음부터 슬슬 전방으로 나선다.

  한편 일이 더디게 진행되면 문제의 원인은 내부에 있을 경우가 많다. 인도에선 안 되고 한국에선 되는 일이거나 그 반대의 경우도 있다. 원칙에서 어긋나 보이는 일도 곧잘 발생하므로 의심을 품게 되고, 자연히 의사 결정 등 진행이 느려진다. 돌다리도 두드릴 필요는 있지만, 너무 원칙만 고수하면 답이 없다. 늦어진다고 잘 활용하지 못한 바하나를 탓하면 부질없다. 현장의 실무자가 '열심히 일하는 무능력자'의 딜레마에 빠져도 소용없는 일이다. 현장의 목소리를 듣고, 보조를 맞춰야 한다.

시간 예측

컨설팅 업체를 두었다고 모든 일이 알아서 진행되는 건 아니다. 오히려 이 때부터가 본격적인 시작이다. 법인 설립을 위한 정신없는 준비 과정에 돌입한다. 좋은 바하나도 조력자일 뿐이다. 자세한 설립 과정부터 정리한다. 컨설팅 업체가 보내준 일정을 종합하는 것인데, 자료를 보자마자 가슴이 답답하다. PAN, DIN, ROC, Form 1, Form 18… 이게 다 무슨 의미일까? 문서의 종류도 많고 약어도 많이 쓰는 곳이다. 서류의 나라 인도의 벽을 새삼 실감한다.

그 약어들을 이해하기 쉽게 풀어쓰려고 노력하다가 결국 인도와 반쯤 동화(인도화)되어 포기한다. "대강 이런 게 있다는 것만 알아두시오"가 아닐 수 없다. 그 말은 틀리지 않다. 큰 흐름을 지배해야지 하나하나에 헤매면 답이 없다. 어쨌든 일정을 수렴해보니 최소 석 달의 과정이다. 세 달 후의 그림을 상상해보지만 얼른 실감이 나진 않는다.

〈표2〉 법인 설립 과정(예상 일정 및 준비 사항)

설립 과정		계획 일정 (업무일 기준)	준비 사항
사전 준비	컨설팅 계약 및 설립 업무 개시	D	착수금
	자본금 설정	D	등록세(ROC Fee + 인지세)[2]는 자본금에 비례
	등기이사 선임	D	최소 2인 지명
	법인(사무실, 공장) 부지 선정 및 임대 진행	D+약 1개월 이내	임의 목표 일정(업체별 상이)

---

[2] 기업 등록국 ROC(Registrar of Companies)는 인도 Ministry of Company Affairs의 산하 기관이다. 자본금 등록시 ROC Fee는 자본금에 따라 정해지며 인지세(Stamp Duty)는 자본금의 0.15%와 USD 5달러의 수수료가 부가된다.

회사 등록 (ROC)	DIN 발급 (Director Identification Number)	D+18일限	등기 이사 2인
	전자 서명 발급 (Digital Signature)	D+17일限	등기 이사 1인
	회사명 신청 및 승인 (Name Approval)	D+24일限	가능한 5개 이상 제출 - 투자금이 달라질 수 있음을 주의 Form1A 서류 준비 - 회사 정관 등 공증 자료
	법인의 정관 제출 및 법원 공증 (MOA Printing)	D+28일限	법인에 대한 가상 회사 정관
	사업자 등록증 발급 (Incorporation certificate)	D+30~45일限	필요 서류 제출(ROC) - 회사 정관, 서식 및 증빙 서류 - 등록세 납부
금융 및 납세 (RBI,NSDL)	등기 이사 PAN 카드 발급	D+15일限	필요 서류 제출(NSDL) -등기 이사 신상 정보 등
	법인 PAN 카드 발급	D+46~60일限	필요 서류 제출(NSDL) -사무실 임대 계약서 등
	은행 계좌 개설	D+61~70일限	현지 은행 계좌, 자본금 송금
	송금액 RBI(인도중앙은행) 신고 (Remittance filing)	D+70~100일限	필요 서류 제출
	수출입 코드 발급 (IEC Number)	D+98~105일限	필요 서류 제출(NSDL) -RBI 승인 후 신청 가능
	판매세 코드 발급 (Sales tax)	D+70~80일限	필요 서류 제출(NSDL)
	서비스세 코드 발급 (Service tax)	D+70~80일限	필요 서류 제출(NSDL)
	소비세 코드 발급 (Excise code)	D+70~80일限	필요 서류 제출(NSDL)
시설 및 인력	공장 인허가 (Factory license)	D+71~85일限	생산 법인에 해당
	퇴직보험 및 의료보험 등록 (PF and ESI registration)	D+70~80일限	필요 서류 제출
	환경 허가서 발급 (Pollution control certificate)	D+70~80일限	필요 서류 제출(NOC)
	소방 안전 허가서 발급 (Fire safe certificate)	D+70~80일限	필요 서류 제출(NOC)

"세 달 후라…" 눈을 질끈 감고 마음을 다잡는다. 찬찬히 일정을 살펴보면 그대로 된다는 보장은 없다. 조금씩 여유를 두었지만, 연쇄적으로 진행되는 과정이어서 중간에 하나가 틀어지면 도미노처럼 지연될 가능성이 있다. 이상적인 일정과 함께 컨설팅 제안서에 덧붙여진 단서들도 그러한 짐작을 뒷받침한다.

- 관공서 등의 지정 공휴일을 제외한 업무 일을 기준으로 함.
- 본 일정은 필요 서류가 모두 구비되었을 때에 한하여 준수함.
- 서류 작성 및 준비 시간은 포함되어 있지 않음.

하나하나 되짚어볼 겸 전화를 걸어 행간에 숨은 뜻을 파악해 본다. "아시잖아요…" 컨설턴트는 고충을 털어놓는다. 컨설턴트가 문제가 되면 모르겠지만, 컨설팅 계약만 해놓고 진출 기업이 때마다 필요한 대응을 하지 않으면 석 달의 일정은 어불성설이다. 어지간히 애가 닳는 경우도 많다. "벌써 일 년 동안 지지부진한 업체도 있어요." 인도의 행정 업무는 그리 녹록치 않다. 그 자체로도 무언가 일을 끌고 나가기란 힘난하다. 모든 게 구비되어도 상당한 인내심이 필요한 법인데, 현지 상황에 익숙한 컨설팅 업체가 답답함을 느낀다면 어지간히 대책이 없는 상태다.

주사위를 던지다

고뇌의 시간이 지나고, 더 이상 지체할 수 없는 순간에 이르자 회사는 최종 결정을 내린다. 누군가 오른손 검지로 똑똑 탁자를 두드리며 말한다. "한 번 해보지 뭐." 자본금이 결정된다. 일사천리라고 하긴 어려워도 선택과 결정의 순간을 피할 순 없다. 자본금 문제는 사장님 소매를 잡고 떼를 쏠 순 없고 초롱초롱한 눈으로 처분을 기다리게 되는 문제다. 일찍이 귀동냥을 했을 때 다들 넉넉한 자본금을 얻어오라고 조언했다. 담당자들의 입장에선 당연한 얘기다. 모두들 외줄을 타는 듯한 운영의 어려움을 이야기했고, 자리를 잡기까지 걸리는 긴 시간을 논했다. "최소 삼 년에서 오 년 걸리죠."

"저희 이번에 들어옵니다" 하면 "사장님께 잘 말씀드려서 자본금 넉넉히 챙겨 오시지…" 하는 덕담도 오간다. 어떤 분은 한숨을 내쉬며 지친 표정이 역력한데, 좀 우는 소리 같긴 해도 너무 본사 눈치만 보면 법인을 책임지는 사람들은 나중에 애를 먹는 것이다. 아무튼 짐작이 가고 이해도 되지만 자본금을 더 받아내라니 어디 그게 말단 직원 뜻대로 되는 일일까? 다만 그런 상황을 공유해 허용되는 범위 내에 최대한 조율할 뿐이다. 조금은 고충이 덜하도록 통 큰 투자를 기대할 뿐이다. 진행 단계에서 한 번쯤은 의사 결정권자가 직접 현장을 방문하고 의견을 듣는 기회를 가진다면 도움이 될 것이다. 그런 문제에 관해선 흘러가는 분위기를 좋게 만들 수 있어야 한다.

그럼에도 배부른 법인이란 결코 없다. 특히 신생 법인은 따뜻한 엄마의 뱃속에서 갓 태어난 아기나 다를 바 없어 아무리 먹어도 배가 고플 수밖에 없다. 한편 젖을 더 달라고 너무 떼만 쓰면 법인은 천덕꾸러기가 되고 만다. 아기가 아장아장 걸으며 재롱을 부리고 장성하여 한 몫을 담당하기까지는 보살핌뿐 아니라 스스로의 성장이 필요하다.

현장의 관리자들은 강인했다. 그럴 만한 능력이 있으니 자신이 이곳에 있다는 자부심도 대단했다. 다들 형편없는 몰골에 연신 한숨을 쉬지만, 도망치는 사람은 없다. 그런 사람들의 힘으로 초기의 불안을 극복하고 안정을 찾는 것이리라. 나도 모르게 경외의 눈빛으로 그들을 바라본다. 돈이 좀 있으면 기꺼이 도와주고 싶어질 지경이다. 하지만 몸이 멀어지면 마음도 멀어진다고 했던가? 간혹 본사와 법인이 마음이 맞지 않아 서로 으르렁거린다. 툭 터놓고 이야기하고 입장을 바꾸어 보면 결국 일을 잘 해보자는 뜻이지만 서로의 사정이 다르다. 그런 이야기는 직접 겪기 전에 가서 들어보면 도움이 된다. 인도 법인은 굳이 스파르타의 아기들처럼 절벽 아래로 던질 필요까지 없다. 이미 던져진 주사위 아닌가.

형제들의
아내

⋮

모든 것을 건 주사위 놀이, 그 마지막 대결에서 판두족은 '그들의 드라우파티'를 잃는다. 그들의 드라우파티… 그런데 무언가 이상하지 않는가? 그렇다. 그녀는 장남 유디스티라부터 막내 사하데바까지 다섯 형제 중 누구 한 명이 아닌 판두족 형제 모두의 아내다. 상상도 안 될 이야기다. 어찌된 영문일까? 그녀는 누구고, 어떻게 형제들의 아내가 되었을까?

드라우파티는 판찰라 왕국의 공주다. 어느 날 현자를 만난 형제들은 그녀에 관해 듣게 된다. 빼어난 아름다움뿐 아니라 범상치 않은 태생의 비밀까지 알게 되는데, 다름 아니라 그녀는 사람의 몸이 아닌 불 속에서 태어난 여인이란 것이다. 현자는 마침 그녀의 아버지 드루파다 왕이 사윗감을 얻기 위한 스와얌바라[3]를 여니 활에 능한 아르주나가 반드시 궁술 시합에 참석할 것을 명한다. 사실상

---

[3] 혼기가 찬 여인의 신랑감을 고르기 위한 경연 대회다.

중매를 선 것인데, 형제들의 눈은 세차게 흔들린다.

그리하여 형제들은 판찰라로 향한다. 그들은 고행자인 듯 행세하며 신분을 숨긴다. 한편 카우라바족도 스와얌바라에 참석한다. 마침내 궁술 시합이 열리고, 카우라바족의 수장 두르요다나의 화살이 가까스로 과녁을 지나친다. 모두가 안도의 가슴을 쓸어내린다. 드루파다는 초조하다. "저런 자에게 드라우파티를 내줄 수 없다. 아르주나는 대체 어디 있단 말인가!" 모두가 공주의 운명은 아르주나란 걸 알지만, 정작 그는 보이지 않는다.

그때 어느 고행자가 모습을 드러낸다. 어렵사리 허락을 받은 그는 황금화살을 걸고 활시위를 당긴다. 그리고 그가 당긴 활 시위를 놓는 순간 공주의 운명도 정해진다. "이 자는 대체 누구란 말인가?" 두르요다나는 분개한다. 그리고 아르주나를 비롯한 판두족이 정체를 드러낸다. 공주는 그에게 단번에 반한다. 주인공은 항상 그렇게 등장한다.

보석 같은 드라우파티를 얻은 아르주나는 형제들과 함께 어머니 쿤티에게 돌아온다. 그는 어머니를 향해 기쁨에 겨워 외친다. "어머니 보세요, 저희가 얻은 공양을, 이 아름다운 보석을!" 하지만 기다리는 내내 아들들의 안위를 걱정했던 어머니는 아들이 얻은 보석이 무엇인지도 모르고 무사히 돌아온 아들의 목소리에 안도하며 말한다. "무엇을 얻었든 형제끼리 사이좋게 나누어 가지거라."

뒤늦게 상황을 이해한 쿤티는 당황한다. "내가 대체 무슨 짓을 한 거냐?" 공양을 받았다는 소리에 설마 드라우파티를 얻은 것이라고 생각하지 못한 것이다. 이는 법도에 맞지 않는 일이고 상상할 수 없는 죄악이며 악업을 쌓는 일이었다. 현명한 맏형 유디스티라는 어머니의 실수를 감싸며 아르주나가 공주와 결혼하라고 말한다. 그러자 아르주나는 펄쩍 뛰며 맏형이 먼저 결혼해야 한다고 말한다. 형님 먼저 아우 먼저 하는 상황이 벌어진다. 그 모습에 드라우파티는 자신의 숙명을 받아들이고, 그러자 형제들 또한 신의 뜻이라고 생각하며 공주를 모두의 아내로 맞아들인다.

이 일화는 스와얌바라를 통해 판두족 형제들의 실력과 명망 그리고 우애를 보여준다. 또 다른 면에서는 인도 사회에서 여성을 바라보는 시각도 엿볼 수 있을 것이다. 하지만 결국 말하고자 하는 것은 판두족의 그릇일 것이다. 주어진 운명을 받아들이고, 과업에 따라 해야 할 일을 하고, 쟁취해야 할 것을 쟁취한다는 뜻이 아닐까. 모두가 반한 드라우파티였다. 경국지색을 앞에 두고 카우라바족과 비교할 수 없을 패왕지자(覇王之資)의 자격을 보여준다고 할 수 있다.

나는 어떤 역할을 맡게 될까? 만약 내가 간다면, 그 일을 맡을 준비가 되었을까? 인도로 가는 길목에서 스스로 묻는다.

가짜 9번 (False 9)

어느덧 인도는 여름이었다. 아직 견딜 만하지만 곧 활활 타오를 여름이다. 이맘 때쯤이면 한국에선 벚꽃이 흐드러지게 필 시기였지만, 이미 내 마음은 먼 곳에 가 있었다. 시작했으니 빨리 끝을 보고 싶었다. 설립 업무를 진행하기 위해 등기 이사를 선임하는 일이 우선이었다. 바야흐로 누가 인도에 갈지 정해야 하는 순간이었다. 올 것이 왔다.

"혹시 인도 파견은 어떻게 생각해?" 공표하지 않았을 뿐 결국 그렇게 될 일이 아니었을까… 명령문의 그림자를 가진 의문문이었다. 돌아가는 상황은 대강 눈치 채고 있었지만 김칫국을 마시고 싶진 않았다. 표면적으로 주어진 임무는 법인 설립까지니까, 차분히 차례가 오길 기다렸다. 회사는 누굴 보내야 할지 다양한 경우의 수를 두고 검토했을 것이다. 원하거나 피하고 싶거나 이 일에 조금이라도 관련된 사람들은 서로 눈치를 살폈다. 기회,

명예, 보상, 불안, 부담… 내색하지 않으려 해도 복잡한 마음은 고스란히 표정에 드러났다. 선택과 결정의 순간. 그러나 내겐 그리 갈등할 게 없었다. 선택의 여지없이 꽤나 멋진 일이다. 인도와의 인연, 기다려온 기회가 아니더라도 최소한 피할 수 없는 숙명이다. 순간 마음의 안개가 걷히며 확신이 들었다. 하지만 섣불리 대답하진 않았다. 며칠 생각할 말미를 주었다. 그리고 담담하게 답했다.

"가겠습니다."

설립에서 운영으로 자연스러운 임무 이동이다. 법인은 최소 두 명의 등기이사를 선임해야 한다. 한 명의 임원은 법인장, 다른 한 명은 나로 지정했다. 일개 평직원인 나를 이사로 선임한 건 재미있는 편법이지만, 기분은 좋다. 물론 앞으로 닥칠 일을 생각하면 행동 대장이니 자리나 직함은 큰 의미가 없다. 원칙대로 또 한 명의 임원을 참여시키기보다는 운영의 묘를 살려 간소화해 일을 쉽게 풀어가기 위한 취지다. 인도는 관련된 사람에 비례해 준비해야 할 서류와 득해야 할 서명이 많아진다. 지분의 경우 법인을 대표할 한 명에게 거의 모두 배분하면 된다. 나머지 한 명은 최소한의 형식적인 지분만 분배한다. 그것이 빠르고 편리하다. 주어진 룰에 부합하되 너무 원칙만 따지지 않는 유연성이 필요하다.

우습지만 내겐 10루피의 지분이 생겼다. 회사를 다니며 처음 받아본 지분이다. 머릿속엔 문득 축구 전술이 하나 스치듯 떠올랐다. '폴스 나인(False 9)' 즉, 가짜 9번이다. 공격수를 상징하는 9번을 전방에 포진시키지만 진짜 공격수는 그 후선에 배치하는 전술이다. '나도 그런 것일까?' 그러나 하나하나 의미를 두기엔 해야 할 일이 많다. 디렉터라고 근사한 명함도 팠다. 가짜 이사… 팀플레이니까 교란의 임무도 막중하다.

나에 대해 의문을 표하는 사람들이 있었다. '쟤 혼자 될까?' 어디서 굴러

먹은 지역 전문가라는데… 인도와 비즈니스에 대해선 드문드문 안다손 쳐도 운영이나 생산 업무는 어찌 감당하겠냔 거다. 그런 시선은 꽤나 따갑게 느껴진다. 겸허히 받아들여야 할 의문이다. 평생 그 일에 잔뼈가 굵은 사람의 눈엔 얼마나 어설퍼 보일까? 하지만 나를 향한 의구심은 강한 동기 부여가 되어준다. 처음부터 잘하는 사람은 없다. 보란 듯이 보여주겠다는 자신감보다는 잃을 것이 없다. 일번 타자로 나서는 심정이랄까… 설령 無에서 無로 그치더라도 뻔뻔하고 당돌하며 용감하게 휘두르는 것이야말로 첫 타자의 태도일 것이다. 의구심에 대한 답은 결과로 드러난다. 기대가 작을수록 좋다. 출루만 해도 감지덕지니까.

한 명만 상주하는 그림이 그려졌다. 필요한 보직마다 파견할 수 없으니 계속 줄이고 압축해 한 명이 되었다. 그나마 0명이 아니어서 다행이다. 나머지는 인도인 직원들로 채워질 것인데, 결국 멀티 플레이다. 홀로 역부족일 때는 간간이 본사의 지원이 가미된다. 법인은 궁극적으로 현지화를 지향한다. 이처럼 홀로 파견될 경우도 있지만, 상주 인원은 두 명이 적당하다. 사람에 따라 외로움도 타지만, 상호보완의 기능은 필요하다.

한 명만 상주시키는 것은 어차피 본사의 지원이 잦을 것이란 점을 염두에 두기 때문이기도 하다. 상주와 출장비용을 두고 저울질하면 필요할 때 출장 쪽이 더 효율적이다. 다만 계획성은 필요하다. 임기응변식으로 무심코 대처하다 보면 배보다 배꼽이 커지고 그 배가 산으로 갈 수 있다. 현장의 입장에선 일손은 다다익선, 십시일반, 천군만마다. 가려운 부분을 긁듯 법인이 정착되기까진 많은 손길을 요한다. 긴급한 상황에 그 비용과 횟수를 조절하기도 어렵다.

결국 최소 상주 인원을 늘리는 것이 나은 게 아닌가 재고해보게 된다. 지원 업무의 공과도 명확해야 할 것이다. 먼저 도움의 개념은 버려야 한다. 전담 업무로 배정하고 성과로 평가하는 등 정상적인 룰이 필요하다. 이런 부분도 세심히 다뤄야 모두 화목하다.

　법인은 다른 하늘 아래 같은 깃발을 펄럭인다. 법인은 본사의 축소판으로 출발하지만 시간이 지날수록 현지에 맞게 진화한다. 특히 인도처럼 강렬한 현지 문화를 보유한 곳이라면 스스로 변해야 산다. 본사의 문화가 이식되지만, 결국 인도化 된다. 그러므로 인도로 향하는 모든 사람은 인도에 대한 소양이 필요하다. 뛰어난 업무 능력만큼 인도를 제대로 알고 모르는 것엔 큰 차이가 있다. 파견자의 숨은 덕목이 인종, 종교, 문화에 불문한 소통이다. 본사의 넓은 이해도 당부한다. "한국에선 안 그랬는데, 왜 저러지?" 하는데 사람이 변한 게 아니라 인도化의 순리에 따랐을 뿐이다. 신기하게도 귀국해서 며칠 지내다 보면 곧 원래의 모습으로 되돌아온다.

서류 천국

　본격적인 절차가 시작되자 곧 어마어마한 양의 서류가 쏟아졌다. "쓸 일이 많으니 되도록 간단한 서명을 준비하시라"는 조언은 조금도 틀린 말이 아니다. 서류는 끝없이 나왔다. 법인 설립 관련 서식이 시작이다. 요구되는 기준에 맞게 작성하고, 거의 모든 장마다 날인하고 서명한다. 장 사이에도 교차 서명 날인한다. 원본은 원본이니까 사본은 사본이니까 예외 없다. 인도 측의 영문 서식뿐 아니라 한국에서 준비된 모든 서류는 영문 번역되어야 하는 건 당연하고, 필요한 공증절차를 거친다. 현지에서 요청하는 서류는 꼼꼼하고 빠르게 작성하고 수정 요구에 응해야 그 절차가 원만히 진행된다.

　하나의 서류는 다음 단계, 또 다른 서류 작업을 위한 준비다. 법인이 설립

되면 끝날 것 같지만, 그때부터 시작이다. 인도는 문서의 나라, 서류 천국이다. 언젠가는 전산화 되겠지만, 인도는 여전히 손으로 만질 수 있는 종이와 서명이 큰 효력을 발휘한다. 일상적인 서류, 수표 등도 그렇고 직원이나 청소부까지 추천서를 요구한다. 공무로 릭샤를 탔다며 직원이 건넨 영수증은 대충 찢어낸 종이쪼가리에 액수와 릭샤왈라(릭샤 운전수)의 서명이 적힌 것이다. 아무리 허접해 보이는 문서라도 글이 적히고 서명을 했다면 효력이 있다. 때문에 간혹 서류에 민감한 모습도 보인다. 혹시 모를 불이익이 두려워 시말서를 쓰기도 꺼린다. 한번 발을 들인 이상 지속적으로 서류의 세상 속을 영위하는 것이다.

서류의 무간지옥(無間地獄)이라고 생각할 수 있다. 하지만 기대할 수 없는 변화를 바라지 말고 받아들여야 한다(포기하면 마음이 편하다). 그냥 그런 거다. 나마스떼… 웰컴 투 인디아.

필요 서류를 차근차근 준비해갔다. 납득이 가지 않더라도 요구하는 대로 토시 하나 틀리지 않고 준비하는 게 가장 빠른 길이다. 부실한 서류를 제출했다가 더 곤혹을 치른다. 서명하다가 웃는 건 처음이다. 서류 작업은 사진도 많이 필요하다. 증명사진만 25장을 현상했다(설립 시 필요한 것만 15장 이상이다). 서류 지옥이 천국이 되려면 별다른 기술이 필요한 건 아니다. 본적이나 아버지의 신상 정보 등 굳이 외국인인데 필요가 있을까 싶은 내용들도 빠짐없이 제출해야 한다는 건 가히 인도답다. '보면 알까?', '이게 법인 설립과 무슨 관계가 있지?' 하는 의문도 들지만 출신 지역과 가문을 따지는 건 '인도적 상식'이다.

특유의 관료주의도 감안해야 한다. 일이 느리고 절차가 복잡하다. 하지만 인내하고 꼼꼼하게 작성하면 결국 고지에 다다를 일이다. 그런 사정을 감안하면 한국 쪽에서 준비해야 할 서류라도 빨리 준비하는 게 큰 도움이 된다.

이 과정에서 딱 한 번 곤란한 상황을 겪었다. 회사 정관의 공증 작업을 하다가 일어난 일인데, 변호사와 주한인도대사관의 공증을 진행하며 현지 관청과 주한인도대사관 간의 서류가 서로 상충한 것이다. 절차상 변화가 있는데 이게 아직 서로 간에 반영되지 못한 것이다. 인도 대사관의 경우 행정 절차가 수시로 변하므로 있을 수 있는 문제다. 하지만 그 때문에 법인 설립은 지연되었다. 한국에선 그런 서류를 만들 수 없고, 인도에서는 그런 서류가 필요하다며 반려하니 어쩔 수 없다. 재밌는 건 어디든 한 곳에 맞추고 싶어도 인도의 관청과 대사관이 서로 자신의 기준을 고집할 뿐이다. 공증과 관계된 부분이므로 누구도 융통성을 발휘하기 어렵다. "어휴 그렇죠?" 그게 전부다. 이런 경우 기다리거나 임기응변을 발휘해야 한다.

그밖에도 서류 작업에는 어느 정도 요령도 필요하다. 현지 주소지도 없는데 서류를 제출해야 하니 일단 주소를 빌려 쓰고 차후에 변경하는 식의 편법이다. 이 모든 과정이 어찌 보면 인도를 향한 예행연습 같은 것이다. 인도에선 사소한 문제에 귀중한 시간을 낭비하는 일이 허다하다. 일을 진행하다 보면 필시 불협화음을 겪는다. 기다릴 수 있는 일인지, 어떡해서든 풀어야 할 문제인지 판단해야 한다. 진행이 더딘 현지 관청에서 진짜 원하는 게 따로 있을 수도 있다. 서류 천국을 헤쳐 나가다보면 코끝으로 진한 인도의 향내를 느끼게 된다. 좋은 워밍업이다.

문서는 그 나라의 문화를 반영한다. 인도가 그렇다. 가부장적이고 계급사회의 특성이 잘 드러나는데 언뜻 인도의 사회상이 그려진다. 그리고 서류를 하나씩 채워 나가는 사이 나 또한 서서히 그 사회 속으로 들어가고 있었다. 기분이 묘했다. 나에 관한 기록이 남는다는 건 이 사회 속에 좌표가 찍히는 것 같다. "아버지가 누구니?" 어쩌면 지금쯤 누군가 서류와 나의 사진을 번갈아 보고 있을지도 모를 일이다. 언뜻 나의 계급은 무얼지 상상해본다.

수업료의 원칙

"일전에 말씀드린 것 있죠? 이제 더 진행하려면 그게 필요하겠군요."

너무 심각하게 받아들일 필요 없다. 늘 있는 일, 피해갈 수 없는 일상적인 고민일 뿐이다. 인허가 과정이나 통상적인 신고 업무에도 요구되고, 진행 중 계류된 일을 풀거나, 신속한 진행을 원할 때도 의례적으로 겪는다. 민원인이라면 기업이나 개인 모두 마찬가지다. 애초 절차와 서류엔 문제가 없다. 문제가 있어 반려된다면 다시 준비하면 된다. 해선 안 되는 일을 저지르는 게 아니다. 목적은 되어야 할 일을 되게 할 뿐이다. 소위 언더 테이블 머니(Under Table Money), 인도로 가는 '수업료' 문제다.

인도의 관공서에 가보면 처리해야 할 서류가 잔뜩 쌓여 있다. 선택권은 두 가지다. 인맥이나 수업료를 통해 관심을 받거나, 언젠가 되든 관심을 받을 때까지 기다린다. 어쩌면 수업료는 관심을 받는 비용이다. 민원인이 인도인이건 외국인이건 다르지 않다. 그런 면에서 평등하다. 장롱 깊숙이 제쳐둔 서류를 꺼내도록 업무의 순번 대기표를 사는 일이다. 수업료는 관공서와 상대 직급에 따라 다양하다. 수업료가 크건 작건 잘못된 일이지만, 엄청난 비리라고 말하기엔 어려운 게 너무 액수가 작아 그냥 공익을 위한 팁(Tip) 정도로 생각하고 내 지갑에서 바로 꺼내주고 싶은 심정이 된다. 공식적으로 처리할 경우 더 어렵기 때문이다. 반면 중요한 업무, 높은 직급일수록 액수가 커지니 '혹시···' 하고 바라보게 만든다.

혹시나가 역시나다. 이건 부패이기 이전에 하나의 관행이고, 의례적인 수수료 또는 급여 외 부수입으로 본다. 인도 청년들의 최고 인기 직장이 경찰이라는 이야기도 있다. 인도인들에게 그 이유에 대해 물으면 월급은 적지만 부수입이 좋기 때문이라고 한다. 미래의 인도를 향해 개혁에 박차를 가하고 있는 인도에서 풀어갈 문제다. 인도 사람들도 문제를 인지한다. 공직의 경우 일정 기간마다 전근을 가고 기강을 바로잡는 등 긍정적인 의지도 보인다. 다만 이는 모두의 지탄을 받는 거대한 비리와 부정부패와는 조금 다르다.

인도로 간 사람들은 점차 이런 일에 덤덤해진다. 하지만 요령을 알고 대처하는 입장에서도 그리 떳떳하진 않고, 그러한 공식적인 예산 밖 비용의 처리도 고민된다. 원칙은 일이 늦더라도 기다려야 한다. 급한 쪽이 아쉬워진다. 외국인이 직접 나서는 것도 그리 현명치 못하다. 문제를 따지는 건 일을 더욱 꼬이게 만들 수도 있다. 돌파구를 원하더라도 현지 대리인을 통해 의사를 확인하고 방법을 타진하면 수업료의 부담이 덜하다. 대리인을 신뢰하지 못하면 자꾸 의문 부호를 달며 불안해진다. 하지만 감수해야 한다. 시간이 내 편이라면 원칙에 따라 진행하고 인내하며 기다리는 것이 정답이다.

설립뿐 아니라 운영 중에도 계속된다. 정기적인 신고 업무는 분기, 반기마다 이뤄지는데 피해가기가 어렵다. 새롭게 전근 온 담당자도 있고, 뒤늦게라도 편법을 발견하면 그 사실을 지적하며 수업료를 요구한다. 방대한 문서를 뒤져 문제를 귀신같이 찾아내는데, 찾는 데는 확실히 요령이 있다. 그나마 전산화가 더딘 게 다행이란 생각도 든다. 이런 경우 온갖 수단을 강구하는데, 심지어 공장의 폐품을 팔아 현금을 마련한다.

공장에서는 아무렇게나 버리는 게 없다. 스크랩(scrap)이라고 부르는 이 폐품들도 의외로 쏠쏠한 역할을 한다. 처음엔 이 쓰레기들을 어떻게 처리하나 걱정이지만, 시간이 지날수록 그 요긴함을 깨닫는다. 좀 궁색해도 볼수록 든든하다. 박스와 비닐 그리고 청끈까지 이런 쓰레기들을 어디에 쓰냐면… 판다. 사람을 불러 쓸 만한 것들은 처분하는데 소소한 쓰임새가 많다. 잉여의 활용이다.

폐품 샀으로 해결할 수 있으면 다행이다. 수업료는 금액 자체보다 비용 출처와 처리 방식이 문제가 된다. 어쩔 수 없이 수업료를 지불하지만 공범이 되어 떳떳하지 못하다. 주냐 마냐, 믿을 수 있냐 없냐가 아닌 어떻게 처리하느냐의 문제다. 본사에는 어떻게 설명할까? 사소한 상황도 공유할 필요가 있다. 사정을 이해한다면 '알아서 처리하시오!'라고 용인하지만, 딱히 방법은 없다. 수업료의 뒤처리는 여전히 두리뭉실해진다. 중요한 원칙은 회사의 자금은 엄격하게 관리해야 한다는 점이다. 인도의 회계 감사는 매우 정확하다. 게다가 외국 기업도 요주의 대상이다.

아직 인도를 잘 모르고 막 터를 잡기 시작한 외국 기업들이 허술하기 쉽다. 물론 허술한 것이 아니라 자의적으로 합리적이라고 생각한 방법을 따르다가 편법을 저지른다. 외국 기업의 감사(監査)에 대해선 이런 말이 있다. 진출 초창기에는 놔두지만 3년차 이후는 꼭 한번 감사가 들어온다는 것이다. 외국 기업을 특정하는 게 아니라 원칙대로 조사하면 그렇게 된다. 털어서 먼지가 나오면 벌금을 내거나 소송을 해야 한다. 먼저 벌금은 예치하고 소송을 하는데, 소송은 길고 승소 여부도 불확실하다. "설마 그렇게 하겠어? 다른 방법이 없지 않나?"는 안이한 생각이 될 수도 있다. 투자는 반기면서 기업의 운영 환경은 어려운 것은 인도 당국이 깊게 고민해야 할 부분이지만, 기업 친화적인 환경이 아닌 것을 탓할 게 아니라 처음부터 기준을 세우고 인도의 원칙을 따르는 것이 가장 바람직하다.

레모네이드

땀이 무겁게 느껴진 건 처음이다. 육체를 우려낸 듯 옷가지에 땀이 흥건

더위에 낮잠 청하는 짐꾼.

해졌다가 그대로 말라붙는다. 문득 백숙 한 그릇이 떠오르는 게 영혼까지 녹은 게 틀림없다. 현기증이 느껴져 잠시 걸음을 멈춘다. 고개를 들어 하늘을 바라보니 피할 곳이 없다. 강렬한 햇살에 덥고 건조한 인도의 여름이다. 힘이 달린다. 다행인 건 이런 날씨엔 모기들도 힘이 달린다는 것이다. 낮 시간엔 그들도 개점휴업이다. "이럴 땐 레몬 음료죠." 눈치가 빠른 파르빈은 가까운 가게로 달려가 림카(레몬-라임 소다)를 사온다. 파르빈은 한국 사람과 오래 일을 한 까닭인지 싹싹하고 꽤 기지가 넘친다.

  법인 설립이 진행되는 사이 계절은 여름에서 곧장 인도의 여름으로 직행했다. 그냥 여름과 인도의 여름은 다르다. 누군가 인도의 여름을 겪어보지 못하면 인도를 모른다고 했다. 겨울이 여행의 계절이라면, 인도의 여름은 사투의 계절이다. 뙤약볕 아래 연일 삶의 적나라한 사투가 그려진다. 안

그래도 느긋한 사람들이 하나 같이 느린 표정이고, 그나마 움직이는 사람들도 슬로 모션처럼 느리게 감기를 되풀이한다. 가만 보면 대단한 광경이다. 하지만 이제 시작이다. 우기가 시작돼 하늘이 울기까지 앞으로 이런 날씨를 벗삼아야 한다.

길가의 연석에 주저앉아 "지금쯤이면 한국은…" 하다가 세차게 고개를 가로젓는다. 현실 적응에 하등 도움이 안 된다. 애꿎게도 있을 땐 소중한지 모르던 걸 동경하진 말아야 한다. 그럴수록 햇살은 손톱처럼 살갗을 파고든다. 제대로 된 인도의 여름은 처음이다. 편식하듯 피했던 계절. 하지만 결국 피할 수 없다. 이제 인도의 모든 계절을 경험할 것이다. 타오르는 여름, 타오르다 녹아버리는 여름, 녹아내린 거리에 한 바가지 물을 끼얹는 우기, 춥진 않은데 뼈를 후비는 겨울 그리고 돌아와 다시 여름. 그런 계절에 대한 감각도 점차 현실로 무르익어간다. 본격적인 인도 이주를 앞두고 현지를 오가며 슬슬 적응하는 것이다. 하지만 나는 아직 땅 없는 유목민이다. 법인 사무실과 숙소를 얻지 못했기 때문이다. 머물 곳을 찾아 벌써 몇 주째 바깥세상을 부유하고 있다.

레모네이드는 인도 여름의 생명수. 림카를 마시니 힘이 난다. 멈추면 생각이 복잡해지는 모양이다. 일어나 다음 답사지로 향한다.

비마나를 고르는 법

설립 단계 중 인도 출장의 목적은 직접 참여해야 할 행정 업무의 처리 외에 부동산 관련 업무가 주요하다. 사무실과 공장 건물을 임대하고, 파견자의 숙소도 마련해야 할 것이다. 사무실과 공장 부지는 후보지를 추려내 몇 차례에 걸쳐 답사를 하고, 그중에서 선별된 장소는 최종 결정을 위해 본사의 임원들과 재차 방문했다. 주소지를 확정지어야 다음 단계로 나아갈 수 있는데, 그럼에도 아무쪼록 신중해야 할 일이다. 바하나를 탔으니 비마나(Vimana)를 고를 차례다.

천궁(天宮)을 뜻하는 비마나는 힌두교 사원의 본전인 안채를 뜻한다. 머물 곳 없이 떠돌다보니 하루빨리 사무실이 마련되길 원하는 바람도 간절해진다. 어쩌면 법인 설립 중 육체적으로는 가장 힘든 과정이 아닐까 싶다. 여름이라 서류 지옥에서 현실의 지옥으로 옮겨온 듯한데 서류 천국이라고 생각하듯 천상의 궁전을 고른다는 마음을 가지면 좋지 않을까? 비마나를 고르는 것, 법인의 입지 선정은 좀 까다롭게 굴어야 한다. 섣불리 정할 수 없다.

인도의 어느 지역에 정착할지는 처음부터 고민했던 내용이다. 고객사와 가까운 곳에 위치할 것인가, 협력사를 고려할 것인가, 영유 산업의 중심지로 갈 것인가, 면세 혜택은 있는가에 따라 고려할 점이 많다. 고객사와 가까운 위치에 생산 시설을 갖춘다는 점에 초점을 맞춰 델리 인근의 산업단지인 노이다(Noida)로 결정했다. 환경을 감안하면 구르가온(Gurgaon)이 더 끌리지만, 주변의 관련 산업을 살펴본 뒤 노이다를 선택한 것인데, 광역의 그레이터 노이다(Greater Noida)에 협력 가능한 업체가 위치해 있었기 때문이기도 했다. 현지 협력업체, 부품 조달을 감안한 선택도 매우 중요하다.

한편 법인의 장기적인 미래를 생각하면 노이다도 좀 아쉬운 면이 있었다. 고객사와의 인접성을 생각하지 않으면 인도 전체를 두고 생각해볼 필요가 있다. 영유하는 산업 관련 업체가 밀집한 것을 고려하면 남인도의 푸네, 방갈로르, 첸나이 등지로 가는 게 옳다. 물론 납품 지역과 너무 먼 곳에 위치할 경우 물류의 문제를 고려하지 않을 수 없다. 판매시 주(州)간에 부여되는 세금 문제 등도 고려해야 한다. 사실 인도는 어느 곳에 위치하든 과세 문제가 중요한 화두인 건 마찬가지인데, 노이다에서 야무나 강 건너 델리로 납품해도 주 경계를 넘어 계산이 복잡해진다. 결국 인도의 세금 문제를 감안하면 면세 혜택이 있는 새로운 산업 단지도 검토의 대상이다. 다만, 입주 조건이 있고, 그 혜택 또한 시한부다. 투자의 당근이고 진출 초기에 노려봄 직한 것이다.

지역의 성향도 파악할 필요가 있다. 노이다는 우타르프라데시 주에 위치해 있는데, 내가 입주할 당시 이곳은 관청의 관료주의적 성향이 강하고 청렴도가 낮은 것으로 알려져 있었다. 물론 이는 정치적 상황에 따라 다르다. 어쨌든 그런 곳에서 여러 가지 업무의 처리는 까다로워진다. 그래서 과거에는 경우에 따라 노이다에 위치하고서도 세무사 등을 통해 법인의 주소지를 델리에 얻어 등록하는 등 편법을 쓰기도 했다. 하지만 편법은 결국 문제가 될 소지가 있다. 노이다의 산업 단지도 다소 낙후한 경향이 있다. 지금은 산업 단지보다는 델리 외곽의 대단지 아파트가 더 눈길을 끄는 게 사실이다. 그럼에도 노이다를 택해야 하는 이유는 있었다. 사업의 특성상 검수, 운영 안정화 등 고객사와의 인접성이 중요하고, 납품 관련 비용의 시뮬레이션 등 면세를 고려한 계획도 세워진 상태였기 때문이다.

인도에서 입지의 선정은 완벽하기가 어렵다. 자신의 비마나를 고를 때는 우선순위가 있어야 하는 것이다. 입주 지역마다 다르게 계산될 세금 문제는 가장 큰 화두다. 자칫 얻는 것 없이 세금만 내다가 끝날 수도 있다. 예측을 해야 한다. 면세라면 지도를 펴고 인도를 좀 더 넓게 볼 필요가 있는 경우도 있다. 문제는 예측의 정확성이다. 판단의 근거가 될 자료가 필요한데 초반에는 세제에 대한 이해도 떨어지고 정보가 부족하니 시뮬레이션을 해봐도 대개 부정확하다. 전문 컨설팅을 받는 등 면세 대책을 강구하는 게 옳다. 그렇더라도 모든 경우의 수를 파악하긴 어려우니 최대한 악조건을 염두에 두고 보수적으로 예측해보아야 한다.

나의 비마나는 노이다에서 찾아야 했다. 임대할 만한 후보 건물들을 방문했다. 답사는 되도록 많이 하는 게 좋지만, 충분히 많은 곳을 가보고 싶어도 그러기 어려운 곳이다. 거리상으론 가깝지만 막상 움직여보면 멀고, 하루 종일 최대한 다녀도 만족할 만큼 볼 수 없다. 특히 여름은 하루에 하나의 일도 버겁다. 어쨌든 큰 틀에서 입지를 선정했다면 이제는 세세한 부분을 따져야 한다.

땅을 고르고 새롭게 건물을 올리는 경우는 더 어렵겠지만, 임대 건물의 경우도 위치와 주변 환경의 제약이 많다. 건물의 형태와 면적, 내부 공간의 활용성이 더 중요한 관건이 된다. 너무 많은 걸 따지기엔 어려울 수도 있다. 같은 지역과 유사한 조건을 가진 임대 건물의 임대료는 큰 차이가 없다. 다만 건물마다 지어진 내·외부의 건축 형태가 상이해 입맛에 맞는 면적과 내부 공간을 갖춘 후보지가 드물다. 인도식 공장은 이유 없이 중간에 큰 홀이나 기둥이 있어 실용 면적에 도움이 안 되는 데드 존이 많다. 내부가 탁 트인 공간을 찾기 어려운데, 건설 현장을 보면 특유의 공법이겠지만, 그렇게 기둥이 없다면 어쩐지 불안하다.

여기서부터 흥미롭다. 인도에서 임대 준비가 되었다는 말은 우리의 생각과 다소 틀리다. 건물은 결코 완공되어 있지 않다. 건축 비용의 문제도 있고, 완공을 해도 현지 환경상 건물은 빠르게 노후화되므로, 좋은 의미에서는 모든 건물이 취향대로 내부를 디자인하게 되는 법이다. 적당한 상태에서 공사를 중단해놓은 상태가 곧 '임대 준비 완료'의 의미인 것이다. 그러므로 임대 계약을 하면 그제야 건물의 마무리 공사를 시작한다.

신축 건물일 경우 텅 비어 회칠이 드러난 공간에 페인트칠은커녕 바닥이나 천장 등 내장재 마감도 전혀 되어 있지 않다. 하지만 기본적인 설비가 되

공장 임대를 위한 현장 실사.

어 있으리란 생각에 누군가 쓰다가 떠난 건물을 가봐도 그 모습이 마치 폐허를 방불케 해 별다른 선택권이 없다. 서둘러 준비를 마쳐야 하는 입장에서는 마음이 무척 급해진다. 주위에서 "이 건물이야? 잘못 찾아온 것 아니야?" 하는 목소리가 들린다. 운명 교향곡처럼 커다란 한숨 소리와 신음 소리도 간간이 섞여 나온다. 나는 생각했다. '왜 괜찮은데…' 절대 한국의 여건과 비교하면 안 된다. 중요한 건 용도에 맞는 건물을 찾는 일이다. 인도의 건물 구조는 좀 독특해서 내부가 탁 트인 효율적인 장소를 찾는 게 중요하다.

한참을 차로 달려 어느 곳에 이르자 꽤 규모가 있는 건물 하나가 나왔다. 언제 지어져 방치되었는지 모르는데 황무지 가운데 덩그러니 서 그 모습이 공룡의 화석처럼 참으로 쓸쓸하고 황량해 보였다. 내부로 들어가 보니 회색의 시멘트 건물에 빈 창틀만 곳곳에 뚫려 있다. 중개인은 침을 튀기며 설명한다. 자기가 탐할 만큼 좋은 위치에 지어진 최신 건물이라고⋯ 웃음을 참느라 혼났다. 꼭 폐허가 된 파르테논 신전 같았기 때문이다. 하지만 정말 비마나를 찾은 셈이다. 그 텅 빈 폐허의 2층 난간에 올라가 멀리 황량한 풍경을 내다보는데 등 뒤로 동행한 임원 한 분이 다가와 내게 담배를 권한다. "줄담배 태우겠구먼!"

건물주와 세입자

그래도 모두들 현실을 잘 받아들인다. 썩 마음에 들 리 없지만 안 되겠다, 못하겠다 물러서는 사람은 없다. 물론 신중한 선택과 결정의 시간은 필요했다. 최종 답사를 끝내고 결정에 이르기까지 보름이 넘게 걸렸다. 그 사이 초조한 시간을 보냈다. 아직 법인 설립 배(杯) 마라톤 대회의 반환점도 돌지 않았기 때문이다. 계속 달리고 싶지만 한참 뛰다가 멈춘 기분이다. 법인 설립에 이르는 일련의 연결된 흐름 중 일종의 소강상태다.

이때는 더 앞으로 나갈 수 없다. '이거 우리가 잘 하는 짓일까?'란 생각들을 하고 있을 것이다. 답이 없자 중개를 맡은 컨설팅 업체도 조바심이 났는지 재촉하는 신호를 보내기 시작했다. 목소리와 글에 몸부림이 느껴졌다. 그 사이 최종 후보지 세 곳 가운데 일 순위가 다른 세입자에게 넘어갔다. 그때부턴 나도 몸부림치기 시작했다. 그러자 결정이 났다. 큰 그림도 중요하지만 눈앞의 일에 노심초사해야 하는 것은 실무자의 몫이다. 일이 되게끔 하는 가장 말초적인 힘이기도 하다.

임대 협상은 비교 견적으로 두 곳을 동시 진행했다. 건물주에 따라 협상의 여지는 있지만 기본적으로 기대할 만큼 큰 폭은 아니다. 협상 끝에 계약

기간을 2년(갱신 3+3년, 3년마다 임대료 10~15% 인상 조건)으로 정하고, 보증금은 세 달분 월세로 절충했다. 왠지 안하는 건 아쉬워서 보증금을 줄여줄 것을 요구했지만 끝내 관철시키진 못했다. 법원 등록비는 반씩 부담했다. 임대기간, 임대료, 인상비율, 법원 등록비 분담 등 임차인은 협상을 요구하지만, 큰 여지가 없다.

그쪽도 협상 카드가 있는데 자가 발전기를 제공한다거나, 전기 및 소방 시설 등 마무리 공사에 대해 확답을 받아낸다. 그렇게 절충하면 서로 양보하는 모양새로 임대 협상은 마무리된다. 민망한 점은 한참 실랑이가 오고 간 것 같은 협상 결과가 처음과 대동소이하다는 것이다.

세입자 입장에선 당연히 제공받아야 할 부분인데 억울한 기분도 든다. 그러나 건물주의 입장이 유리하다. 대놓고 '갑' 행세를 하는 건 아니고 은연중에 그렇다. 그래도 외국인은 대우가 나쁘진 않다. 건물주 입장에서는 외국인 세입자를 더 선호한다. 일단 입주를 하면 인도에서는 세입자의 권리가 보호되는데, 인도는 법적으로 땅과 건물을 소유했더라도 실 점유자를 함부로 내몰 수 없게 되어 있다. 인도에선 자신의 토지에 건물을 지으려 해도 불법 가건물과 거주민들이 있어 착공이 늦어지는 풍경이 흔하다. 주거의 권리가 인정되어 협상을 진행해야 하는 것이다. 반면 외국인은 언젠가는 반드시 떠난다는 장점이 있다.

협상은 중개인이 전담한다. 계약이 완료되기까지 세입자가 건물주와 직접 대면할 일은 몇 번 없다. 건물주도 대리인이나 관리인을 따로 둘 때도 있다. 양측의 요구 조건과 수용 여부는 이들을 통해 간접적으로 전달되어 다 듣어진다. 건물주와 세입자가 만난 자리에선 흔히 덕담만 주고받는다. 서로 불만이 있어도 대면하여 얼굴을 붉히며 협상 조건을 따지는 일은 거의 없다. 한 다리 건널 줄 아는 미덕이 필요하다. 중개인의 수수료는 한 달 임대료 수준이다. 계약을 마친 뒤 정산한다.

  한편 임대 계약 절차는 안전한 방식으로 진행된다. 계약서 내용이 합의되면, 중개인과 함께 임대인과 임차인이 만나 계약서 내용을 최종 확인하고 서명한다. 내 경우 건물주는 패밀리 비즈니스로 건설업과 임대업을 겸했다. 사무실로 가보니 마치 대부 같은 분위기에 압도당했다. 임대업은 가족 중 기품 있는 안주인이 맡는데, 그녀는 곧바로 계약을 체결하지 않고 남편을 기다렸다. 얼마 지나지 않아 큰 풍채의 남편이 방으로 들어오는데, 마치 돈 콜리오네처럼 커다란 책상 뒤의 의자에 앉는다. (안타깝게도 딸은 아버지를 쏙 빼닮았다) 그가 최종 결정자다. 그 모습이 무척 위엄이 넘치는데 순간 '어르신!' 하며 손등에 키스하는 상상을 했다.

  화려한 사리를 입은 아내는 줄곧 그의 곁에 서 있다. 콜리오네는 새로운 외국인 세입자들을 환대했다. 인상은 험악한데 따뜻한 말씨에 결코 거만한 법이 없다. 괜찮은 인연이 되리란 예감이 들었다. 물론 그 자리에선 계약에 관한 내용은 일절 없었다. 꼭 상견례 자리 같았다. 한참동안 세상 돌아가는 이야기로 환담을 나눈 다음에야 서명을 하고 악수를 나눴다.

  계약의 끝은 법원 등록이다. 양측의 일정을 조율해 동행한다. 법원의 절차는 대리인이 아닌 계약 당사자들이 직접 참석한다. 인도의 행정이란 그렇듯 시간이 좀 걸려 날을 잡아야 하는 일이다. 기다림과 더위를 견뎌낼 뿐 일 자체는 그리 어려울 게 없다.

법인의 탄생

  벌써 5월이다. 하반기 생산인데… 나름 치열한 나날을 보냈지만 진행은 더디다. 뚜렷한 고비를 겪기보다는 매사 조금씩 지체된다. 회사 등록은 진행 중이고 가시적인 성과라고는 빈 집 하나 얻은 것이다. 밀물 때 썰물을 기다리듯 초조해진다. 할 수 있다면 시간을 무두질해 늘여놓고 싶다. 처음부터 이상적인 진행을 기대하진 않았지만 서서히 걱정으로 마음이 옥죄여온다. 바야흐로 가야 할 때다. 부동산 계약을 마치고 돌아오자 누군가 말한다. "생각보다 조금 빨리 건너가야겠는데?"

사실 반가운 얘기다. 출장과 꽤 인연이 깊은 입장에선 출장보단 어디든 정착이 좋다. 연초부터 강행군이 이어지고 있었다. 퉁퉁 발이 붓고 꼬질꼬질한 차림으로 입·출국장을 오가는 게 해외 출장의 현실이다. 게다가 정착한다는 것, 인도로 넘어가는 것은 일의 한 단계 진전을 의미한다. 내심 기다렸던 것 같다. 슬슬 법인 설립이라는 신혼의 단꿈에서 깨어날 시기다. 행정적인 절차는 이제 흐름을 따라가면 된다. 사업자등록증도 6월까진 발급될 것이다.

이제는 운영 채비를 갖춰야 한다. 사무실과 생산 시설을 갖추고 인력을 충원하며 금융과 납세 업무도 준비해야 한다. 그래야 공장 관련 인허가 과정도 마무리된다.

임대 계약은 마지막 출장이 되었다. 그 뒤 불과 이 주 만에 나는 인도로 삶의 터전을 옮겼다. 한국을 오갈 기회는 있을 것이므로 일단 상용 비자(Business visa)로 건너가고 기회를 봐 고용 비자(Employment visa)를 발급받아도 된다. 최초의 주재원이라 급하게 주재원 정책이나 복지에 대한 논의를 마무리하고, 번갯불에 콩 볶아 먹듯 이삿짐을 부린다. 이 주 만에 이사를 가는 것이다. 사실 잘한 일이라고 할 수 없다. 충분한 준비 기간이 필요하고, 얼굴을 맞대고 좀더 깊게 고민해야 할 부분도 있다. 인도 근무는 환경이 매우 중요하다. 오래 견디며 제대로 일을 하려면 그만한 준비

없이는 내구력이 떨어진다. 그럼에도 만사 제쳐두고 인도로 건너가는 건 나도 어지간히 몰입한 것이다.

  짐은 적었다. 어디선가 그랬다. 남자는 자신의 몸 하나로 살고 싶은 법이라고… 꽤 멋진 말 같지만, 무슨! 살아가려면 짐은 필요하다. 다만 때론 몸이 가벼워야 한다. 배낭여행에 트렁크를 끌고 갈 수 없듯, 상황에 맞는 짐이 있다. 반은 직접 가져가고 반은 국제 해운에 맡겼다. 태반은 한국에 버려두었다. 직접 가져갈 짐은 이민용 가방으로 세 개다. 충분히 준비할 시간이 없으면 추릴 시간도 없다. 출국 당일 낑낑거리며 옮기는 사이 어마어마한 오버차지가 붙었다. 그런 까닭에 가족과 제대로 된 인사를 나누지 못했다. 일이 잘 풀리면 연말에 만나게 될 것이다. 무소식이 희소식. 비행기가 이륙할 때 인천 앞바다를 내려다보며 깨달았다. 법인의 탄생이란 결국 사람이 움직여야 한다.

2

판두족의 유배

운영과 생산

누구에게나
처음

:

떠나기 전, 마지막으로 만났다. 대 서사시 〈바가바드 기타〉[1]는 인도 사상의 정수라더니 역시… 21세기, 인도가 아닌 나의 지극히 개인적인 서사에도 〈바가바드 기타〉의 운명적 질문은 정곡을 찌른다. 얼굴을 보자마자 마음이 흔들린다. 전쟁을 망설이던 아르주나처럼 진퇴양난의 고뇌에 빠진다.

"꼭 가야 하는 거야?"

"내가 해야 할 일이니까…"

아니다. 다른 사람이 가도 된다. 하지만 생각과 말은 전혀 다르게 나온다. 기회는 올 때 잡아야 한다. 인도는 내게 기회다. 그러면 지금 떠나면 테이블 건너 저 사람은? 마음에 드는 사람이다. 어쩌면 이 또한 내게 주어진 운명이다. 쌓은 정이 있는데 이토록 냉정해도 될까? 나의 카르마(Karma)다. 또 하나의 진한 악업

---

[1] 〈바가바드 기타〉는 〈마하바라타〉의 한 부분이다.

을 새기는 것이다. 하지만 아르주나도 그랬다. 전투를 앞두고 갈등에 빠지자 그의 마차를 몰던 크리슈나(비슈누 신의 화신)는 말했다. "너는 슬퍼할 수 없는 자를 위해 슬퍼하고 있다. 너는 네게 주어진 일을 행하여라."

불리하면 꼭 아르주나 핑계를 대는 버릇이 있다. 한 회사의 평직원이 자신을 감히 왕자(아르주나)와 신의 화신(크리슈나)의 고고한 대화에 빗댈 의도는 없다. 다만, 어쩌면 우린 모두 바가바드 기타의 화두를 안고 살아가는 것 아닐까? 모든 범인(凡人)도 각자의 삶 속에서 아르주나처럼 갈등을 겪기 때문에 〈바가바드 기타〉의 영향은 지대한 것이고, 그러므로 이 오랜 서사시가 그토록 오래 인도인의 정신 속에 자리잡아온 것이다. 인도인들과 마찬가지로 시종일관 내면이 들끓는 '갈등하는 보통 인간 나' 역시 이제 인도라는 마차에 올라 그들처럼 어떤 상황에서도 주어진 일을 해나가야 한다. 사실 인도로 떠나는데 해결해야 할 게 어디 이성 문제 하나뿐이겠는가! 이제 막 입주한 집, 아직 할부도 끝나지 않은 자동차… 처자식을 두었다면 어떨까? 복잡하다. 그러므로 그럴수록 과업을 생각해야 한다.

"연락하자." 하지만 속으로는 아마도 둘 모두 이렇게 생각했을 것이다. '그렇다면, 인연은 여기까지인 모양이다.' 굳이 입 밖으로 꺼내는 건 구차하다. 헤어지며 뒷모습을 살짝 되돌아본다. 끝이지만, 시작할 준비라니 얄궂다. 그런 생각에 또 마음이 약해진다. 너무 여리다. 초년병 시절에 누군가 넌 좀 거칠어져야 한다고 말했다. 아무쪼록 대수롭지 않은 순간을 멋진 기억으로 둔갑시키는 것도 나의 고질적인 문제점 가운데 하나다.

공간

담과 건물 사이의 간격이 좁다. 삼 층 높이로 지하까지 포함해 네 개 층을 쓸 수 있는 건물이다.

지하엔 이미 한 업체가 입주해 있다. 창고로 쓰는데 쿨리(짐꾼)들이 주변에 모여 있고 계속 이런저런 가전제품 박스들이 오갔다. 자전거 릭샤에서 짐을 내리고 싣는 것으로 봐서 다루는 화물이 그리 커 보이지 않는다. 처음 보는 누군가는 밀수 업체라고 착각할 풍경이다.

건물은 한쪽 면만 바라보는 모양새다. 앞은 화려하고 뒤는 후줄근하다. 출입구는 정면을 바라보고 양 귀퉁이에 두 군데가 있다. 창살로 막은 각각의 출입구 곁에는 쪼끼다르(문지기)가 지키는 경비 건물이 하나씩 있다. 여러 업체가 입주할 경우 나눠 쓰기 위함일 것이다. 입주한 업체가 두 곳이니 출입구는 하나씩 나눠 쓴다. 문제는 먼저 들어온 지하 밀수꾼들이 좋은 곳을 선점해 버렸다. 그들보다 훨씬 큰 화물을 취급해야 하는 입장에선 난감하다. 살짝 출입구를 바꿔 쓰는 것이 어떠냐고 이야기를 흘려보았지만 양보할 리 없다. 먼저 쓰기 시작한 사람이 임자다.

뒤편으로 돌아가 보니 담을 사이에 두고 다른 건물이 붙어 있다. 토지를 매입해 직접 건물을 세우지 않는 한 일대의 건물들은 대부분 이렇듯 등을 맞대고 길을 향해 서 있다. 때문에 후문은 따로 없다. 비좁은 뒤쪽 공간에는 폐자재들이 수북하게 쌓여 있다. 한쪽 구석에 쿨리나 쪼끼다르가 쓸 간이 화장실이 만들어져 있다. 그곳은 우리가 도저히 범접하기 어려운 풍모를 지니고 있다.

다시 앞마당으로 돌아온다. 마당과 우측 공간은 조금 여유가 있는 편이다. 자가 발전기를 두고 손님이 오갈 공간은 된다. 문제는 출입구와 마당을 지나 건물로 들어가는 입구다. 화물이 출입해야 하는데 이곳 건물들은 지면보다 몇 계단 높다. 주변 건물들도 매한가지라 다른 선택의 여지가 없다. 육중한 화물이 드나들기 위해서는 별도의 시설물이 필요한데 화물 출입구는 한동안 고민거리가 되었다. 일층[2]으로 들어가는 정문 입구는 넓지만 사무실 출입구로 쓰고, 측면의 출구를 확장해 화물이 오갈 통로로 만들 생각이다. 입구를 넓히고 철창과 셔터 그리고 화물이 오갈만한 시설물 등을 추가한다.

   정문 입구의 유리문을 열고 들어가자 근심이 가득해진다. 계약 이후 곧바로 마감 공사를 하겠다던 건물주가 약속을 지키지 않았다. 천장을 올려다보니 아직 마감재를 끼우지 않은 철심의 몰골이 고스란히 드러나 있다. 산발한 머리처럼 곳곳에 전선이 내려와 있다. 서둘러 전기 배선부터 마치고 천장 선풍기와 스프링클러도 달아야 한다. 사무 공간과 공장 라인을 배치하고 창고, 휴게실 등을 만드는 건 그 다음이다. 공간 배치의 숙제는 기둥이 많다는 점이다. 그래도 창틀에 유리가 끼워져 있고 화장실 공사가 되어있으며 바닥이 깔려있는 건 수월한 편이다. 내부공간은 입주자 입맛에 맞게 스스로 채우는 것이 이곳 방식이니 울퉁불퉁 다듬어지지 않은 시멘트 바닥으로 입주자를 기다리는 곳도 많다. 어떻게 나눌지 고민하며 텅 빈 공장 내부를 수없이 맴돌았다. 조언을 얻을까 싶어 건물주에게 설계도를 요청했더니, 실측이 제대로 반영 되지 않은 단면도 한 장뿐이다. 이런 일은 낯설다. 하지만 물어봐도 딱히 답이 있는 건 아니다. 과감할 필요가 있다.

현판 세울 때까지

   아이디어를 정리하고 서둘러 인테리어 업체부터 구한다. 그래야 일이 풀

---

2) 인도에서 일층은 그라운드 플로어(Ground Floor)로 부른다.

린다. 마침 주변 한국 업체로부터 소개받은 업체가 있었다. 물론 비교 견적을 위한 다른 업체도 불렀다. 소개를 받아도 되지만 새로 입주하는 업체가 있으면 귀신같이 알고 찾아온다. 얼마 뒤 마헨드라를 만났다. 얼굴이 낯이 익다 싶더니 이웃 업체에서 지나치며 얼굴을 익힌 사람이다.

계획을 공유하고 내장재에 관해 간단한 논의가 오간다. 모든 건 합리적인 수준에서 선택한다. 고급스러운 것보다는 깔끔한 것으로 족하다. 고객을 대상으로 하는 업종일 경우 고급스러운 인테리어가 필요한데, 모든 걸 한국에서 공수하는 경우도 있다. 현지에서 만족스러운 품질을 기대하기란 어렵다. 하물며 생산 시설인데 실속을 따지는 게 낫다. 시공 비용의 경우 이웃 업체가 소개하고 잘 도와주라는 언질까지 받은 곳이 단도직입적이고 수월한 법이다. 다른 곳은 턱없이 높은 견적을 보내는데 그런 곳들과 씨름할 겨를이 없다.

공사는 약 삼 주가량 소요된다. 크게 구획을 나누고, 사무실은 다시 여러 개의 공간으로 나눈 뒤 휴게실과 물류 창고가 배치한다. 벽 한쪽의 창고 둘레는 모두 쇠창살로 보강하고, 각각의 공간도 문을 단다. 화물 통로는 적절하게 개조되어 쇠창살과 셔터의 2중문을 다는 등 가장 공을 들인다. 일단 진행하니 일사천리다. 그곳에 제품들이 가득 채워질 상상에 심장이 두근거렸다. 인테리어와 함께 마감 공사도 이루어진다. 임대 계약을 한 후부터 건물은 돌봐야 할 일이 많다. 좀처럼 약속을 지키지 않는 건물주를 못 살게 군다. 생산 시설이므로 인도의 전기 사정을 감안하면 전기 문제가 가장 걱정스럽다. 배전반을 설치하고 건물 전체에 전기가 고루 공급되도록 신경을 쓴다. 전압이 좀 약하다. 그런 다음 전등, 천장 선풍기 등을 달고, 스프링클러와 화재경보기 등 소방 시설을 마무리한다. 자가 발전기도 도착한다. 필수적으로 갖춰야 할 설비다. 계약 조건에 명시되었지만 서둘러 약속을 이

공장 내부 파티션 공사.

행하게 만드는 데 상당한 노력이 필요하다. 계약하고 나면 아쉬운 쪽은 입주 업체인 상황이 된다. 이 과정에서 지속적으로 실랑이가 벌어진다. 이런 설비 없이 현장 감사에 임하고 공장 인허가를 득할 수 없으니 신경을 써야 한다.

  한 다리 건너서 연락을 취하니 답답하다. 건물주는 담당 직원이나 관리인 또는 대리인 통해 이런 일들을 처리하니 결정의 주체는 한 발짝 물러서 있다. 마치 대변인을 두고 가급적 해줄 일을 줄이는 듯하다. 자기 사람이 필요하다는 걸 절실히 느끼게 되고, 이런 점에선 서둘러 총무 직원을 구해야 한다. 건물주와 인테리어 업자 등과 수시로 연락을 취할 일이 많은데, 계약을 마치면 컨설턴트와 중개인의 도움도 조금 무뎌진다. 바하나를 갈아타야 하는 것이다.

화룡정점은 현판이다. 법인 설립을 알리는 상징적인 깃발 같은 것이다. 개업과 본사의 방문을 앞두고 진행한다. 이번에는 마헨드라를 통해 간판 제작 업체를 소개받는다. 필요한 업체나 사람을 찾는 건 꼬리에 꼬리를 무는 법이다. 다만 업체가 다소 영세하다. 회사의 얼굴이므로 잠시 본사에서 공수할까 고민하지만, 간판 디자인만 승인을 받아 진행한다. 정해진 CI(Corporate Identity)의 규격만 따르고 메이드 인 인디아다. 평범한 문구와 서체에 가급적 심플한 디자인으로 택한다.

얼마 후 그럴싸한 현판이 도착한다. 건물 옥상에 현판을 다는 일은 진풍경이다. 크레인 대신 옥상의 시설물에 밧줄을 묶고 지렛대 삼아 몇 명의 인부가 끌어올리니 보기가 아찔하다. 위험천만하다. 보는 내내 건물의 유리를 깨먹진 않을까 조마조마해 눈을 질끈 감고 자리를 피한다.

하지만 인도에선 그런 걱정도 기우에 불과하다. 웬만한 거의 모든 걸 기계 대신 사람의 손으로 끌고 당기는 곳이다. 단순하지만 다소 원초적이고 확실한 방법이다. 끝내 목적을 달성하는 모습에 감탄을 금치 못한다. 사실 건물은 주변의 지형지물에 가려 지표 역할을 제대로 해내진 못한다. 그럼에도 법인이 실존하는 증거이니 학수고대한 일이다.

풍요 속 빈곤, 빈곤 속 풍요

공사가 진행되는 사이 한 편엔 플라스틱 간이 의자와 테이블이 놓였다. 현지 직원을 채용하기 시작한 것이다. 매일 오후 지원자들이 찾아왔다. 몇 마디 환담과 함께 면접이 시작되고 이력서와 얼굴을 번갈아 보며 이런저런 질문을 이어갔다. 그런데 몇 사람 만나보니 역시 만만치 않다. 분명 사진과

입사 지원자들의 인터뷰.

실물은 일치하는데… 기대가 너무 컸다. 사전 면접으로 한 차례 거르고, 또 다시 경력, 학력, 인적 사항도 꼼꼼히 검토한다. 나와 함께할 바하나, 새로운 식구를 맞아들이는 과정이다. 첫술에 배부를 순 없다.

다양한 식솔이 필요하다. 살림살이를 위해선 인사, 총무, 재무를 맡을 사람이 필요하고, 생산 쪽에서는 안팎으로 구매, 생산, 품질, 서비스 담당자와 유연성 있게 투입될 생산직 근로자들이 필요하다. 바깥일을 위해서는 영업도 중요하다.

이런저런 일손도 필요하다. 경비, 청소부, (법인 차량이 있다면) 운전기사도 있고, 인도식으로 한다면 관공서를 오가거나 잔심부름을 할 사환도 필요하다. 때마다 부를 짐꾼, 차를 끓여올 짜이왈라(짜이 장수)도 빠질 수 없다. 이런 사람들이 북적거리면 비로소 구색이 갖춰진다. 하지만 모든 인력을 직접 구인할 필요는 없다. 키는 스태프다. 필요한 스태프만 있으면 그 다음은 거미줄 엮듯 수월하게 갖춘다.

구인의 조건은 삼년 이상 경력자다. 해당 분야의 삼년 경력이면 좋고, 한국 등 외국 기업에 근무한 경험이 있다면 금상첨화다. 단지 그것뿐이라고 생각했지만, 실상 무척 까다로운 조건이다. 일단 해당 분야란 것이 무의미한 경우도 있고, 한국 기업의 경력자라면 여간 귀한 게 아니다. 그런 사람이 있다면 이웃 기업들도 소중히 품어 놓아줄 리 없다. 유능한 인력을 만나고 싶지만 유명 기업이 아닐 경우 처음부터 만나기란 쉽지 않은 측면도 있다.

요즘에는 한국어를 하는 인도 사람들도 곧잘 있는데, 그 정도 지한파라면 귀인에 가깝다. 귀인이라면 투자를 아끼지 않고 기회가 있을 때 품는 게 좋다. 다만 검증된 사람을 제외하면 실력과 인성을 확인하기 전엔 지나치게 모시듯 대할 필요는 없다. 검증 기간을 둔다.

분야를 불문한 경력자가 차선이다. 당장 일할 사람을 구한 다음 젊은 피도 수혈한다. 산재한 일을 해내려면 처음엔 일을 할 줄 아는 사람이 절실하다. 그러나 나의 필요조건을 너무 깊이 따지지 않는다. 아무래도 깊이와 다양성 측면에서 인력 풀이 부족한 편이다. 분야별 인재는 지역 편중 현상도 없지 않으니 진출 지역을 선정할 때 감안할 부분이다. 가령 내 경우에는 뭄바이, 방갈로르, 첸나이에 비해 델리 인근은 사람 구하기가 어렵다. 불가피한 부분이니 좋은 자질을 지닌 사람을 얻어 처음부터 함께 성장시켜 나가야 할 부분이다.

좀 편견이 있지만, 모두들 극찬하는 시크교 지원자도 만나보지 못했다. 시크교는 그 청결함과 근면 성실함 때문에 선호하게 되는 모양이다. 풍채도 듬직해 보기에도 신뢰가 간다. 나 또한 그들을 보면 어쩐지 기분이 좋다. 시크교도는 경호원으로도 역량을 인정받았는데, 인디라 간디를 암살한 사람이 바로 그녀의 경호를 맡고 있던 시크교도다. 그 이유는 시크교 분리주의자들이 그들의 성역인 황금 사원에 숨어들어 독립 운동을 벌이자 인디라 간디가 탱크를 동원해 진압3)한 때문이다. 굳이 이런 이야기를 하는 건, 시크교도에 대한 선호에 반론을 펼치기 위함은 아니다. 인도에선 어떤 인종, 어떤 종교의 누구와 일하든 결국 중요한 건 서로를 존중하고, 금기를 지키며 신뢰를 잃지 않아야 한다는 것이다.

한편 값싼 인건비에 대한 환상은 현실적인 수정이 필요하다. 인건비의 격차가 크다. 그 가치나 대우의 수준은 천양지차이다. 굳이 글로벌 업체에서 일하는 손에 꼽을 만한 인재를 이야기할 필요 없이 요직의 관리자나 전문직은 대우를 많이 해줘야 얻는다.

반면 일용직, 비전문직은 인건비가 턱없이 저렴한 건 사실이지만, 가장 핵심이라고 할 만한 생산직 근로자의 경우 여전히 급여 수준이 낮은 편이라고 하나, 보유 기술과 경력 그리고 희소성에 따라 차이가 있고, 물가 상승 추세와 더불어 상승일로에 있다. 평균으로 볼 때 여전히 인건비의 매력이 많으나, 괜찮은 직원을 찾는다면 너무 낮은 쪽만 바라보면 안 된다.

이런 이야기가 있었다. 인도의 가장 뛰어난 인재는 졸업과 동시에 미국의 실리콘 밸리로 가고, 다음은 그 외의 국가들로 진출하다가 마지막에 남은 인력들만 인도에 머문다는 얘기다. 하지만 이젠 곧이곧대로 들을 이야기가 아니다. 정부 차원의 IT 및 제조업의 육성, 스타트 업 비즈니스에 대한 지원 등으로 최근에는 자국의 인재들이 고국에 머물며 성장의 기회를 엿보고, 떠났던 인재들도 역류하는 현상이 있다. 사람은 많은데 가보면 쓸 사람

---

3) 황금 사원을 향해 발포했고, 600여 명이 사망했다.

이 없다는 뜻에서 우스개 소리삼아 풍요 속 빈곤을 말하지만, 어쩌면 잘못된 방향을 바라보는 것일 수 있다.

인건비가 싸다고 인도로 향하기보다는 인도 시장의 엄청난 잠재력을 바라보니 당장은 인건비의 장점도 있더라는 이야기가 되어야 한다. 제대로 된 교육과 기술 이전을 통해 시간을 두고 필요한 사람을 키워내고, 그들에게 좋은 대우를 해주면 결국 인도 사람들의 소득이 커지고 평균적인 소비력도 커져 비로소 사람들이 잘 살고 내수시장도 활황기를 맞이할 것이란 생각을 해본다. 너무 이상적일까? 그럼에도 투자와 진출의 궁극적인 목표는 윈-윈의 공존과 번영일 것이다.

한편 문화와 환경을 감안하면 주요 보직마다 최소 두 명을 갖추는 것이 바람직하다. 직장에 대한 충성도가 떨어지고 이직률도 높다. 일보다 가족과 종교가 월등하게 우선시 되고, 잦은 물가 인상에 대가족을 책임지는 가장도 많아 돌봐야 할 집안일과 경조사가 많다. 삶이 참 다사다난한데 연봉 협상 요구가 잦고 갑작스레 가불을 요구할 때도 있다. 불현듯 더 좋은 곳으로 이직한다며 떠날 수도 있어 한 명에게 의존할 경우 낭패를 볼 수 있다. 적당한 견제가 없으면, 업무 정보를 독식하고 사유화할 수 있다. 그런 경우를 대비해 모든 업무 내용을 기록 보관하고 계약서 상 이탈에 관한 조건과 안전장치를 명시해 둔다.

대부분의 인도 직원들은 오히려 선하고 순종적이며 온기 넘치는 문화를 만들어갈 수 있다. 다만 일부의 불만은 막을 수 없는 경우가 있고, 가장 필요로 할 때 그간 쌓아온 믿음과 신뢰를 무기로 휘두를 때도 있다. 씁쓸하지만 이에 대해 배신감을 가져서도 안 될 일이다. 나름의 사정이 있을 테니, 떠날 사람은 보내며 감정적인 문제로 만들거나 갑작스런 공백이 발생하지 않도록 대처할 일이다.

사람 運

사람을 어떻게 구할까? 고민하지만 결국 요약하면 수단과 방법을 가리지 않는다. 어느 정도 자리를 잡으면 정식 채용 광고를 낼 일이지만, 신생 법인에서는 물불을 가릴 수 없다. 컨설턴트도 활용한다. 채용 직원의 한 달 월급을 수수료로 지불하고, 한 곳으로는 부족해 여러 곳에 문의한다. 사람을 알아보는 눈을 빌린다. 어느 학교를 나왔고 어디서 일을 해왔는지 들어도 처음엔 구분이 잘 안 간다. 인도 사회의 다양성과 그에 맞는 조직 구성을 위한 조언도 필요하다. 인도인은 이름만 들어도 척하면 알지만, 우리는 처음부터 그런 노하우를 가질 순 없다. 일단 어떤 방식으로든 인사 담당 직원을 채용하면 일이 좀 수월해진다.

나 역시 먼저 인사 담당 직원부터 선발했다. 노동법에 밝은 사람인데, 총무도 겸하게 한다. 인도에서의 경영은 인사 부문이 매우 중요하다. 총무 쪽에 산적한 일이 많으니 겸사겸사 한 명을 더 채용했는데, 그건 실수였다. 이후 딱히 맡길 보직이 없어 문제가 생긴 것이다. 내 불찰이다. 아직 사람 보는 눈은 부족하다.

그래도 운이 좀 따른다. 좋은 사람은 내가 쓰지 남에게 소개할 여유까진 없는데, 한국 분으로부터 경리 직원을 소개받는다. 돈 관리가 얼마나 중요한지 굳이 따로 이야기할 필요는 없다. 마침 시급하게 담당자를 찾던 중이고, '사람 구하기 하늘에 별 따기'라는 나의 투정이 안쓰러운지 "좀 잔소리는 많지만, 일은 잘해요"라며 옛 직원 한 명을 소개해준다. 과거 함께 일했던 여직원인데 출산과 육아 문제로 한동안 쉬다가 일에 복귀하고 싶다고 한다. 단란한 대가족에 남편도 은행원이니 생활에 여유도 있는 편이다. 절묘한 타이밍이다. 비로소 한국 기업에서 일해 본 적임자를 구한 것이다. 능력도 만족할 만큼 좋다. 순전히 운인데 그런 게 인연이라며 무릎을 친다.

인사와 재무를 뽑았으니 한시름 놓지만, 생산은 도저히 답이 없다. 구매, 생산, 품질 분야에 사람이 필요한데, 이 경우에는 경력보다 자질이다. 배우려는 의지, 책임감과 성실함을 기대하고, 나머지는 교육으로 보충한다. 꼭 맞는 적임자가 없어 계획보다는 축소된 인원으로 출발한다. 인도는 근로자 중심의 국가다. 안전장치는 필요하지만 억지로 사람을 채울 필요 없다. 태업으로 일관해도 한 번 직원이 된 이상 함부로 대할 건 아니므로 신중해진다. "이젠 좀 보면서 충원하자고!" 일단 기본적인 바하나의 구성이 일단락된다.

식솔의 조건

특별한 역량이 우선되지 않는다면 중요한 것은 인성이다. 성실함, 책임감 그리고 융화력을 채용의 기준으로 삼고, 인턴 기간을 가지는 것도 현명한 방법이다. 직원들을 보면 기본이 쉽게 흔들린다. 잦은 지각, 무단결근, 상황에 맞지 않는 휴가 사용, 은근한 내부 갈등 등은 거듭되는 문제다.

업무에서는 책임을 지지 않으려는 성향이 있다. 실수를 해도 시원하게 인정하고 개선하면 되는데, 부인하거나 남의 탓으로 전가한다. 억울한 것보다 책임에 대해 지나치게 예민한 듯하다. 자신에게 주어진 역할, 할 일을 못하면 악업이 쌓인다는 관념도 어느 정도 영향을 끼친다. 철저한 분업의 반작용으로 효율적인 협업이 부족한 면도 있다. 외국인 관리자가 없어도 조율할 업무는 스스로 회의를 열어 해결해 보라고 해도 실천되는 경우가 드물다. 완강히 부인하지만 종교, 계급, 성별의 갈등도 눈에 보인다.

조직의 구성도 신경 쓰이는 부분이다. 모두가 평등하고 채용에 있어 차별은 금물이다. 다만 인종, 종교, 계급, 성별은 분명 서로 상관관계가 있다. 적어도 인사 담당자나 생산 현장의 리더는 다수의 '생각과 상식'이 통하고, 존중받을 만한 사람을 택하는 게 현명하다. 다국적 기업이다. 편협한 사고방식을 지닌 사람은 폐해를 일으킬 소지가 있다.

나는 법인은 일종의 중립국이라고 천명했다. 일단 사무실로 들어오면 모두 화합하거나, 적어도 대사관에 들어온 것처럼 나의 룰을 따르라는 취지다. 담장 밖 상황은 몰라도 그런 원칙이 있다면 일단 안에서는 동료가 되고, 차별 없이 동등해진다. 물론 인도 사회의 해묵은 숙제를 일개 기업이 해결할 순 없다. 좀 이상적이지만, 다양성의 조화라는 측면에서 고안된 캐치프레이즈(선전 구호)인 셈이다. 그런 시도가 없다면 차라리 일색으로 통일하는 게 나을 수 있다.

꾸준히 이력서를 받아보는데 나도 어느 순간 인도 사람의 집안 배경을 살피고 있다. 좋든 싫든 그게 그들의 문화다. 면접을 진행하며 그런 걸 직접 물어보는 사람은 없다. 짐작을 할 뿐이다. 나는 인사 담당자의 조언도 듣는다. 저 친구는 어떠냐고 물으면 대략적인 평판을 들을 수도 있다. 아무리 내 직원이라도 선택하는 말은 조심한다. 그런 질문을 무리 없이 던지기 위해서는 어느 정도 신뢰도 쌓여야 한다. 그건 각자의 몫이다.

내로남불

오해가 생겼다. 법인 설립과 관련 급한 불을 끄다보니 고용 계약서의 준비가 늦어졌는데, 새롭게 합류할 인도 직원은 이것을 전혀 다른 의미로 받아들였다. 입사자들에게 개별 연락을 하고 근로 조건 협상을 마쳤지만, 출

법인 최초의 직원들.

근을 해도 된다고 해도 일부는 계약서부터 먼저 보내달라는 요청을 한다. 이처럼 문서가 중요하다. 서명된 계약서가 오가지 않으면 일은 휴면 상태에 머문다. 우리가 이제 남이냐는 식은 맞지 않다.

당연한 일이다. 흔히 채용을 결정하면 고용 계약서와 임명장을 보내 회사와 구직자 간에 서명날인을 하는데, 그런 순서에 따르지 않으면 괜한 의구심을 표하고 혹시 다른 의미가 있을까 불안하게 생각할 수도 있다. 사실 기업에서도 중히 다루어야 할 것이 계약이다. 일종의 안정 장치다. 양날의 칼로 생각해 두리뭉실하게 생각할 경우도 있는데, 처음부터 잘 준비해두면 좋다. 주어진 업무 범위, 임금 협상의 시기와 계약 기간 및 갱신에 관해 명기하고, 고용 및 해고의 조건, 이직에 관한 사전 통지 기간 등을 계약으로 못 박아 두는 것은 운영에 필요한 부분이다. 가령 연봉 협상은 일 년에 한

번 할 수도 있고, 물가 상승률을 감안해 반 년 혹은 분기마다 할 수도 있는데, 기준이 없으면 곤란해진다. 사규 또한 마찬가지다. 준수해야 할 규칙을 정하고 행동 수칙 또는 가이드라인으로 삼아야 기강이 서고, 상벌을 확실히 할 수 있다. 대개 표준 계약서와 본사의 사규를 현지에 맞게 가감하는 작업을 하는데, 고민하여 서서히 보강해 나가야 한다.

새로운 직원들은 계약서에 서명한 다음날부터 출근하기 시작했다. 사규 작성은 시간이 더 걸렸다. 한국 것은 맞지 않고, 현지 사정을 감안하기 위해 표준안을 주고 인도인 담당자가 나름대로 초안을 작성해 보도록 지시했더니 몇 달이 지나도 함흥차사다. 이번에도 문서를 너무 심각하게 받아들인 것이다. 그럴 필요는 없다고 설명했지만, 답변은 잘 해놓고 아무리 기다려도 끝이 없다. 가만 보니 고용 계약은 서둘러야 한다고 하고, 회사의 규칙을 만드는 일엔 소극적이란 생각에 내로남불(내가 하면 로맨스 남이 하면 불륜)이다.

진출 초기는 기준을 만들어가는 시기일 것이다. 급여에 관한 내용도 그렇지만, 직원 복지와 혜택, 인센티브에 대한 부분도 분명하게 정립해두어야 한다. 가령 불시에 상여금을 지급하면 당장은 직원들이 반겨도 명확한 이유를 가지고 정해진 단계가 없을 경우 베푼 호의가 부담으로 돌아올 수 있다. 그럴 여지가 있다고 생각한 까닭에 더 많은 걸 당연하게 생각하며 엉뚱한 시기에 급여 인상을 바라고, 교통비, 통신비 등의 보조금 인상을 요구하는 등 원칙이 무너진 요구 사항을 꺼낸다. 공과에 대한 당근과 채찍은 잘 써야한다. 비용 자체는 인색해질 필요가 없다고 느낄 만큼 큰 부담이 없지만, 문제는 한 번 무너진 원칙은 반복해서 무너진다는 데 있다. 외국 기업에 대한 기대와 자부심에 부응할 수 있도록 현지 직원들을 배려를 하는 것은 좋지만, 정해진 기준에 벗어나진 않아야 한다. 상여금도 명절이나 그만한 성과가 있을 때 일정한 시기에만 지급한다. 과실에 대해서는 불이익도 분명히 정해둔다.

빌린 사람들

함께 일할 사람들을 한데 모아놓으니 꼭 다국적군 같다. 다양한 인종, 종교, 계급, 성별이 모였다. 의도한 그림은 아니다. 보기는 좋지만 이런 구성이 난이도가 높다. 원래 올스타팀이 단일팀보다 못할 수도 있다.

그럼에도 기본적인 스태프의 구성을 마치니 그 다음 일들은 조금 수월했다. 인도 직원들이 청소부나 심부름꾼을 수소문했다. 짜이왈라도 불렀는데 어차피 짜이 맛은 그들이 잘 안다. 선택권을 주고 견적을 비교해 품의서를 작성해보게 한다. 응용력이 별로 없다. 처음엔 겨우 따라서 작성하는 수준이지만, 그런 과정이 시작되니 제법 그럴싸하다. 뿌듯함에 기쁜 마음이 들었다. 매일 아침저녁으로 우리식 업무 과정을 전파했다. 체화된 일의 방식이 다르니 소소한 것부터 시도한다. 중요한 일을 앞두고 그런 식으로 조금씩 프로세스를 익힌다.

경비업체도 그런 방식으로 구한다. 직접 고용하는 것보단 용역업체를 통해 비용을 지불하면 교대로 상주하는 경비가 머문다. 용역업체의 외주를 줄 경우 장단점이 있다. 직접 관리해야 하는 부담은 줄지만, 그들의 인력 관리가 허술하다. 용역업체는 물가상승을 이유로 수시로 비용 인상을 요구하는데, 알고 보면 그건 용역업체의 농간이다. 최저 임금이 반영되거나 급여를 인상하는 것 자체는 좋지만, 그 인상분이 근로자에게 돌아가지 못하고 용역업체의 주머니에 들어간다.

얼마 안 되는 임금에 매일 밤낮으로 공장에서 서식해야 하는 사람들에 대한 도의적인 책임을 느끼는데, 실제 급여는 동결해 놓고, 용역업체의 수수료만 인상하는 경우도 비일비재한 것이다. 경비원이 우리 직원에게 하소연을 하니 알게 되는 일인데, 이런 일을 방지하도록 감시할 방법이 마땅히 없다. 용역업체는 그런 상황에서 사전 협의 없이 파견인원을 교체해버리기도 한다. 그런데 외주 인력의 관리는 용역업체가 해도 실질적인 고용의 책임은 그 인력을 쓰는 기업에 있다는 점도 중요하다. 이런 부분을 세세하게 따져 마음대로 사람을 교체할 수 없도록 하고, 급여가 경비에게 잘 지급되는지 지속적으로 확인할 필요가 있다. 용역업체의 소관이라며 눈을 감을 수 있지만 사회의 이면이 고스란히 드러나는 일이고, 최소한 도의적인 책임도 느낀다. 단순한 일, 험한 일, 더러운 일, 돈이 안 되는 일은 대부분 인구의 대다수를 차지하는 하층민이 맡는다. 강한 자는 약한 자에게 강하고, 약한 자는 더 약한 자에게 강하다. 그렇다면 제일 약한 자는? 품고 보듬어 주는 마음이 필요한데 이방인은 작은 일이라도 도울 수밖에 없다.

  중요한 숙제는 생산직 근로자의 확보와 운영이다. 인도에서는 생산 인력의 관리가 어려운 부분이다. 스태프는 문제가 생겨도 나의 조력자가 될 수 있지만, 근로자는 양면의 얼굴을 지닌다. 처음부터 감당할 수 있을까? 섣불리 인력을 직접 고용하여 관리하긴 어렵고, 파견 근로자를 통해 학습 단계를 거친다. 운영의 탄력성도 필요하고, 이를 통해 정식 채용할 옥석을 가릴 기회도 생길 것이다. 용역업체를 이용해도 이들은 경비나 일반 근로자(Unskilled Worker)와 성격이 좀 다르다. 흔히 기술직 근로자(Skilled Worker)로 분류되는데, 전기, 용접 등에 나름의 기술과 자격증을 갖춘 근로자들로 그 중에는 기술학교를 거쳐 전문 기술직으로 성장하는 과정에 있는 사람도 있다.

  최소 3년 이상의 경력자로 조달했다. 용역업체에서 이력서를 보내면 검토하여 인도인 직원들이 만나보게 한다. 여기서부터는 직접 나서지 않는 게 맞다. 권한을 주고, 내부적인 단계를 만들어 인도인들이 서로 조율하도록 만든다. 용역업체의 근로자들은 스태프를 그들의 소통 창구로 보고 따르면 된다. 만약 이런 과정 없이 직통 핫라인이 연결되면 스태프의 존재는 유명무실해지고, 거쳐야 할 프로세스도 무너진다. 요구 사항이 있을 때마다 직접 대면을 요구하는 매우 곤란한 상황을 겪을 수 있다. 한 다리 건너 최후의 보루는 남겨두어야 한다.

3년 경력의 파견 근로자일 경우 경력과 기술 유무에 따라 한 달 급여가 한화로 20만~30만 원 수준(스태프는 60만~100만 원 수준)인데, 현지 인건비 수준은 차치하고서라도 이를 역산으로 세금과 수수료를 제하면 상당한 박봉이다. 인건비의 장점과 매력보다는 현격한 소득의 수준 차이가 드러난다. 이미 생활고에 압박이 심한 것이다. 작은 일에 불만이 커질 수 있다. 생산직 근로자들의 경우 결속력도 강해 가장 바쁜 시기에 파업이 발생할 수 있다. 단체로 움직일 경우 위험 수준은 상당하다. 자칫 감정싸움으로 치달아 최악이 될 수 있다. 사실 그들의 목소리는 어려울 것 없이 매우 단순 명료하다. 그러므로 직접 대면하진 않아도 스태프를 통해 귀 기울여 들어야 하고 스태프의 근심을 묵살하는 일은 없어야 할 것이다. 본사의 기술 지원과 교육이 제때 이뤄져도 파견 근로자가 이탈하거나 수시로 바뀌면 결국 일보 전진 이보 후퇴가 된다. 일터가 마음에 들고, 스태프도 원만한 관계를 유지하며 통솔할 능력이 있어야 한다. 신망이 없을 경우 곧바로 경영진에 압박을 가할 수 있다.

생산직 근로자들에 대해서는 결코 소탐대실하는 일이 없어야 한다. 복지 증진에는 힘을 써야 한다. 고용한 직원들도 마찬가지이지만, 파견 근로자들도 소속감을 느낄 수 있어야 한다. 파견 직원이지만 상여금을 동등하게 지급하고, 생일잔치도 열어주며 이들의 근무 능력을 평가해 장차 정직원에 채용될 기회도 주는 등 신경을 써야 한다. 이는 파견 근로자들도 소망하는 바일 것이다.

錢과의 동고동락

공사를 마치고, 머물 곳과 드나드는 사람이 생기니 제법 본새가 완성되어 보인다. 법인 등록도 완료되었다. 6개월에 걸친 길고 긴 작업이었다. 공식적인 법인 설립일은 우연찮게도 6월 25일이 되었다.

거래 은행을 트고 자본금이 송금되었다. RBI(인도 중앙은행) 신고도 진행되었다. 주거래 은행은 한국 모 은행의 델리 지점으로 하고, 현지 상업 은행의 계좌를 하나 더 개설한다. 처음에는 아무래도 모국의 은행이 더 익숙하고 신뢰가 간다. 게다가 한국 사람이 파견된 은행이므로 여러모로 편의를 봐준다. 비즈니스지만 같은 타향살이니 서로 돕고 사는 것이다. 말이 통하니 조언도 해주고 다소 까다로운 요청도 기꺼이 응해 마치 개인 서비스를 받는 듯 묘한 기분도 든다. 다만 지점이 델리 한 곳이라는 점이 아쉬움인데, 현금 카드를 발급하는 등 차츰 개선하며 사소한 수고를 덜어주고 있다.

이원화는 필요할 수 있다. 세금 납부 등 정기적인 업무를 위해서는 아무래도 가까운 현지 은행이 직원들에게도 편한 법이라 인도 현지 은행의 계좌를 개설하게 된다. 최근 온라인 납세의 경우 특정 현지 은행에서만 가능한 경우도 있다. 단순 업무를 위해 매번 델리를 찾아가는 일도 번거로울 수 있으니 이처럼 이원화하는 방법도 효율적이다. 실 거리보다 교통 체증이, 교통 체증보다는 마음의 거리가 먼 인도다.

채우기

어느덧 장마철이다. 공간이 준비되며 속속 필요한 물건들로 채워 나가기 시작한다. 본격적인 우기는 아니지만 날씨는 축축하다. 그런 가운데 사무용 가구를 찾아 나선다. 며칠간 부근의 거의 모든 가구 시장을 돌아다녀도 방법이 없어 보인다. 화려한 궁전 속에 수공예로 만들었다는 그 멋진 가구들은 모두 어디 갔을까?

"새 제품입니다." 길가의 인도産 가구 매장은 꼭 중고 상점 같다. 품질보다 놀라운 건 한국과 비교해 결코 만만치 않은 가격이다. 차라리 중고를 들이는 게 현명하다는 이야기를 듣고 찾아가 본다. 하지만 눅눅해져 아무렇게나 쌓여있는 모습에 자신이 없어진다. 모두의 취향은 까다로운 법이라 돈 쓰고 욕을 먹겠단 생각도 든다. 가장 깔끔해 보이는 건 대형 몰(Mall)의 가구 매장이다. 하지만 자릿값을 톡톡히 한다. 결국 쓸 만하고 저렴한 가구, 화려할 필요 없이 실용적이기만 하면 된다는 주문이 가장 어렵다. 사정없이 깨질 큰 기대다.

작은 사무실이라면 쓸 만한 중고 가구를 고르라고 권한다. 절약보단 어지간한 새 제품도 품질이 만족스럽지 않기는 매한가지다. 고가품을 들이더라도 향후 옮겨 다닐 생각이라면 잠깐 창문을 열고 인도에선 짐을 어떻게 옮기는지 눈으로 확인하길 권한다. 뿌연 안개 속에 새 것이나 헌 것이나 성할 리 없다. 그래서 어떤 곳은 모든 가구에서 조그만 사무용품까지 모두 한국에서 조달하는 경우도 있다. 부담스러운 인도産보다는 차라리 오가는 컨테이너에 필요한 모든 것을 공수하는 것이다. 괜찮은 생각 같은데 본사에선 학을 뗄 일이다.

결국 며칠 헤매다가 인도 가구점으로 돌아간다. 합판 목재 테이블을 몇 세트 주문한다. 의자는 마땅한 게 없어 이웃한 다른 곳에 주문한다. 회의실 탁자는 또 다른 곳에서 사이즈에 맞춰 새로 만든다. 통째로 구하기가 어렵다. 그런 주제에 전시장엔 성한 가구도 별로 없다. 상태가 좋은 새 제품을 보내 달라고 요구하니 시간이 좀 오래 걸린단다. 어차피 소용없는 짓이다. 한참 뒤에 배송된 가구를 보니 반가움도 잠시 얼굴을 찌푸린다. 릭샤로 운송하는 도중 이곳저곳 손상되어 있다. 교환을 요구하니 실랑이가 벌어진다. 그 중엔 엉뚱한 부품이 와서 한 다리를 저는 탁자도 있다. 이미 돈을 다 지불했다면 상황이 불리해진다. 잔금을 놔두어도 문제는 잘 해결되지 않아 시간이 걸린다. 시간을 끄는 건 가구商뿐 아니다. 우리 직원들도 소극적이다. 그만큼 시간이 걸린다. 안 되는 걸 어떻게 하나? 알지만 나는 재촉한다. 본사의 방문을 앞두고 다리를 저는 가구는 구석에 숨긴다. 열리지 않는 서랍은 아예 잠근다. 그런 일들이 지나가고 수개월이 지나 모든 걸 깡그리 잊을 무렵 가구는 모두 수리된다.

안 되는 걸 재촉한 죄로 얼마 지나지 않아 피를 본다. 팔걸이에 팔을 올렸다가 깜짝 놀란다. 못이 튀어나와 있다. 구입한 지 일 년도 되지 않은 의자다. 조심스레 더듬어 보니 선인장처럼 여러 갈래로 뻗은 못들이 자라나 있다. 뼈대와 쿠션을 긴 못으로 고정한 것이다. 나는 감탄하고 만다. 날카로운 가시들이다. 팔을 걷어보니 꽤 피가 난다. 어째 인과응보 같다. 공장의 상비약 좀 얻어 쓰려니 직원들이 호들갑이다. 그간 잔소리 좀 한 까닭인지 기합이 지나치게 들었다. 괜찮다니까 "노우!" 하며 파상풍이 어쩌고 난리 부르스다. 충성 경쟁인가 웃다가 생각해보니 정말 그럴 수 있어 약이나 바른다. 그래도 여기서 누가 날 도와주나 싶다.

인터넷과 전화를 가입하고, 네루 플레이스(Nehru Place)로 가 컴퓨터를 들인다. 네루 플레이스는 델리의 용산이다. 전자 제품이 늘어나니 덩달아 스태빌라이저 및 UPS도 늘어난다. 전기 사정이 열악하니 필수품이다. 냉장고, 에어컨, 쿨러 등 가전제품도 갖추는데, 겨울이라도 낮엔 천장의 선풍기만으로 버텨낼 재간이 없다. 문제는 과부하다. 생산 중에도 많은 전기를 한

꺼번에 돌리므로 걱정이다. 처음부터 가장 신경 쓴 문제다. 그 때문에 한쪽에 몰린 전기 시설을 분산하고 배전반도 새롭게 달았다. 여기에 냉방기기까지 더하는 여름에는 아슬아슬하다. 생산에 지장을 줄 수도 있고, 보조 발전기도 자주 돌린다.

하루 열 번 이상 정전이 되고, 그때마다 보조 발전기를 돌리지 않을 수 없다. 전기세에 보조 발전기의 기름도 상당량 소비한다. 최대한 냉방기기의 용량과 배치 수를 제한할 수밖에 없다. 그런 원칙을 가지고 냉방기기를 구하는데 이런 일은 또 운이 따른다. 알고 보니 지하에 입주한 이웃 업체가 그런 가전제품을 도매로 다룬다. 다른 곳보다 저렴하게 구할 수 있는데, 등잔 밑이 어둡다.

마감 공사가 끝나자 이젠 냉방기기를 설치한다고 인부들이 몰려와 한바탕 소동을 벌인다. 그들이 일하는 것을 바라보면 사상누각이 떠오른다. 기껏 깔끔하게 마무리 공사를 해놨더니 백옥처럼 새하얀 벽에 실외기를 연결할 구멍을 뚫는다며 잔뜩 검은 손바닥을 찍어 놓는다. 도구는 정과 망치다. 최신식 장비는 없다. 그러고는 유유히 떠나려는 걸 잡아서 따진다. 누군가는 지우개로 때를 지워보려 애쓴다. 결국 애꿎은 인테리어 업체를 불러 한 번 더 페인트칠을 하게 만든다. 새로 설치한 인도製 에어컨은 물이 샌다. 직원들은 모두 대수롭지 않게 여긴다. 자기의 일은 아니라는 본능이다. 지적을 해야 청소부를 불러 양동이를 가져다 놓도록 시키고, 사람을 불러 다시 고친다. 한 명이 잔소리꾼이 되거나, 그런 관리 일을 전담할 사람을 두어야 한다.

필요한 것이 갖추어지니 비로소 살맛이 난다. 피를 보기 한참 전이지만 푹신한 의자에 몸을 던졌다. 코끝을 찌르는 페인트 냄새마저 좋게 느껴진다. 천장의 선풍기는 1단, 리모컨으로 에어컨을 가장 약하게 튼다. 그러면

달그락거리는 천장의 선풍기가 시원한 공기를 방안 깊숙이 퍼트려준다. 그 시원함을 만끽하며 어딘가 앉을 자리가 있다는 게 이토록 감사한 일이라는 걸 새삼 깨닫는다.

어린 부부

본사의 방문객들은 이제껏 인도에서 가본 공장 중 가장 깨끗하다는 덕담을 해주었다. 칭찬은 감사하지만, 사실 시작은 어디나 깨끗하다. 유지가 어렵다. 구내 청소부로 어린 부부가 들어왔다. 듣기로는 신혼부부라는데, 착실한 친구들이다. 길바닥엔 닥치는 대로 막일을 하거나 할 일 없이 무위도식하는 사람들도 많다. 그나마 이들은 고정된 일터가 생겨 운이 좋은 편이다. 그래도 가만히 바라보면 안쓰럽다. '저들은 이런 식으로 살아갈 수 있는 걸까?'

어느 날 밤이다. 모두가 퇴근하고 마지막으로 사무실을 나설 참이다. 불을 끄고 밖으로 나서기 전 뿌듯한 마음으로 내부를 한차례 돌아본다. 하나의 의식처럼 반복하는 새로운 습관이었다. 홀로 흐뭇한 미소를 띠며 마지막 전등을 끄려는 순간, 한구석에서 미세한 움직임이 보인다. 순간 등골이 오싹해진다. '아직 누가 남아 있는 걸까? 아니면…' 발소리를 죽여 조심스럽게 소리가 나는 방향으로 다가간다. 휴게실 쪽이다. 가까이 다가갈수록 반쯤 닫힌 휴게실 문 사이로 검은 실루엣이 뚜렷해진다. 그 안에서 누군가 의자를 모아 웅크린 채 누워 있다. 거의 문 앞에 다다른 순간 까만 어둠 속에 하얀 두 점이 나타난다.

가슴을 쓸어내리고 보니 선잠을 자던 청소부의 눈이 보인다. 어둠 속에 두 눈만이 또렷하다. 주변의 윤곽이 눈에 들어오기까진 시간이 걸린다. 어린 청소부 부부다. 남편은 여전히 모로 누워 잠들어 있고 어린 신부만 눈을 뜬다. 황급히 몸을 일으키려 하지만, 나는 아무 일 아니라며 살짝 손을 저으며 자리를 피한다. '따로 갈 곳이 없구나…' 한동안 눈이 마주쳤던 듯하다. 두 눈엔 얼핏 경계와 두려움이 떠올라 있었는데, 그럴 만하다. 고용인이란 사람이 낯선 외국인인데 빨리 퇴근도 안 하고 걸핏하면 홀로 공장을 둘러본다. 평소엔 걸핏하면 고함을 지르고 동분서주하며 건물 안을 휘젓고 다니니… 자다가 눈을 떴는데 그런 사람이 보이면 괴기한 악몽이 아닐까.

공장 안에 머무르는 건 허용되지 않지만 모른 척 했다. 지적하면 내보낼 수도 있다. 하지만 어지간히 독한 척 해도, 저승사자가 되긴 싫다. 갓 결혼한 그들은 소작농의 삶을 버리고 새로운 인생을 찾아 도시로 왔다. 막연히 일거리가 많으리란 생각에 흘러들었지만, 공단 귀퉁이의 빈민촌에 머물며 황량한 시절을 보냈을 것이다. 특별한 기술도 없고 근근이 입에 풀칠하며 고생을 하다가 비로소 일감을 찾은 것이다. 청소부라도 고정적인 일감이 생기니 조금이나마 사정이 나아지고, 전엔 생각하지 못한 미래도 꿈꾸기 시작한다. 불안한 길거리보단 싸늘하게 식은 공장이 차라리 낫다. 아마 곧 임신을 할지도 모른다. 어쩌면 아이를 낳기 위해 고향으로 돌아갈지도 모른다. 이미 돌아갈 차편을 위해 품삯을 모았을지도… 인도의 밑바닥 삶이란 그런 것이다.

어린 신부와 다시 눈이 마주친 건 그로부터 얼마 뒤다. 눈빛에 불안함이 사라졌다. 표정도 조금이나마 밝아졌다. 아무 탈 없이 꽤 오랜 시간 법인의 청소부를 맡았다. 내 입장에선 청소를 누가 하든 사실 큰 상관없다. 항상 같은 상태로 유지하면 그만이다. 더 잘할 필요 없다. 사람은 익숙한 게 좋아 머물던 사람이 계속 머물면 편하다. 조용하게 큰 탈 없이 자기 일을 해주면 그게 인도에선 인복(人福)이다. 그런 면에서 기분 좋은 어린 부부다. 일이 안 풀려 심각한 표정을 짓고 있다가도 그들을 보면 찡그릴 수 없다.

한참 시간이 흐른 뒤 정말 그들은 출산을 위해 고향으로 돌아갔다.

와신
상담

:

비극으로 치닫는 불길한 운명을 직감하지 못할 바 아니다. 신의 분노가 두려운 드리타라스트라는 결단을 내리고 사태를 진정시킨다. 주사위 놀이 끝에 노예가 된 판두족과 왕비를 풀어주고 빼앗은 왕국도 돌려준다. "주사위 놀이를 허락한 것은 오로지 너희들을 시험해보기 위함이었다." 하지만 아들들의 간언에 넘어간 그는 일구이언을 하고 만다. 알고도 막을 수 없는 운명이다. 모두가 통탄하며 만류하지만 도리 없는 흐름이다.

왕국을 건 마지막 주사위 놀이가 펼쳐진다. 지는 쪽은 왕국을 내놓고, 14년의 유배 생활 뒤에야 왕국을 돌려받을 수 있다. 승부의 결과는 뻔하지만 판두족은 왕명을 거스를 수 없다. 모든 것을 잃은 판두족은 유배를 떠난다. 남편의 고행을 따라나섰던 어머니 쿤티는 남고, 드라우파티가 남편들을 뒤따른다.

치욕을 겪은 그들은 흙과 재로 얼굴을 가리고 숲으로 향한다. 가는 길에 괴물이 막아서지만 분노한 그들을 막을 수 없다. 판두족 형제들을 돕던 크리슈나(비슈누 신의 화신)도 욕망에 눈이 먼 쿠루족의 횡포에 치를 떨며 격노한다. 신의 격렬한 분노다. 이 모든 게 크리슈나가 처철한 전쟁을 치르며 자리를 비운 사이 일어난 일이었다. 마침 그의 바하나가 파괴된 것이다. 크리슈나는 유배가 끝날 즈음 다시 오기로 약속한다. 지금은 그가 할 수 있는 일이 없다. 신과 신의 아이들은 그날을 기약하며 뜨거운 포옹을 나눈다. 그들은 엄중한 복수를 다짐한다. 카우라바족이 왕국을 돌려줄 리 없다. 쿠루족은 분열되고 전쟁은 피할 수 없는 일이다.

판두족은 분노를 다스리며 와신상담한다. 성마른 비마는 보채고, 드라우파티도 처지를 비관한다. 하지만 100명의 카우라바족 외에 쿠루족이 그들의 편에 서 있다. 카우라바족의 힘은 막강하고, 쿠루족 장군들은 천상의 무기에 통달했다. 재물과 군사도 넘친다. 반면 판두족은 가진 것이 없다. 동맹도 없다. 유디스티라는 형제와 아내를 달랜다. 아직 힘을 키워야 한다.

인도에 정착하는 과정은 와신상담 그 자체다. 부족하다. 그것밖에 못하냐는 소릴 들어도 고개 숙이고 참고 인내하며 기다린다. 마냥 기다리는 것이 아니라 '두고 봐라, 우습게 보지 마'라고 마음속으로 벼르며 바뀌지 않는 걸 바꾸고, 불가능해 보이는 일도 독한 마음으로 절치부심 끊임없이 반복하여 도전한다. 그런 사이 모든 준비는 차곡차곡 쌓여간다. 나는 당장의 열매를 얻진 못할지언정 내일을 기약하며 그 끝에 찾아올 한 번의 환희에 모든 걸 건다.

프로세스 메이커

지연되는 일은 있었지만, 하반기에 이르자 법인의 화두는 설립에서 운영으로 바뀌었다. 시간의 문제일 뿐 더 이상 설립의 병목 지점은 남아 있지 않다. 노심초사했는데, 정해진 수순을 따라가니 막상 싱거운 면도 있다. 엄

살도 좀 부릴 걸 그랬다. 법인 설립의 소감은 뿌듯하고도 무겁다. 많은 권한을 가질수록 책임도 커진다. 사람이 자리를 만들든 자리가 사람을 만들든… 비즈니스의 시간은 흐른다. 서서히 공장 가동을 준비한다. 생산 일정이 다가오고 있다.

업무 프로세스에 공을 들인다. 일을 하는 공용어 같은 것이다. 마침 쓰는 언어도 다양한 곳이다. 통일이 필요하다. 본사의 프로세스를 이식하지만 환경과 문화 그리고 사람이 다르니 부작용이 없기는 어렵다. 자리 잡기까지 시간이 필요하고, 현장에 맞게 유연할 필요가 있다. 한국과 인도의 형편이란 엄연히 다르다.

사실 인도에서 한국식 프로세스를 논하는 게 재밌는 일이다. 프로세스란 곧 루틴인데 신앙생활의 루틴을 지키기에 바쁘지만 일에는 그다지 주의를 기울이지 않는다. 반면 한국은 차이가 있다. 복잡한 프로세스를 따르진 않아도 예의와 격식을 중시하고, 작성한 보고서나 공유한 자료에 성의가 없거나 실수가 많으면 프로페셔널하지 못하다는 질책을 받는다. 일을 중시하고 직장의 루틴에 충실하다. 그런 면에선 차이가 많다. 주의를 기울이지 않아 크고 작은 실수를 연발한다. 최대한 단순화하여 운영의 묘를 발휘하지만 기본은 양보하기 어려운 법이다. 인도 스타일이 있겠지만, 프로세스는 정해진 업무의 방식이자 틀이며 소통의 문제다. 한 언어에서 다른 문법을 쓸 수 없다.

보고, 품의, 요청, 공유… 문서 천국에 살아가는 사람들임에도 그 방식이 달라 애를 먹는다. 응용력이 부족해 자꾸 꼼수를 쓴다. 양식 안에 나를 맞춰야 하는데, 나에게 양식을 맞추려 든다. 웃을 일이 많다. 칸마다 글자 크기가 다르거나, 칸 자체가 특이하게 변형되어 있거나, 보고 순서도 뒤죽박죽 모두 각양각색이다. 누군가는 너무 화려한 색상을 넣어 한 폭의 추상화 같은 보고서를 내놓는다. 형광녹색 글자로 작성된 보고서는 처음 보았다. 강조하다 못해 내용이 안 보인다. 하지만 그건 긍정적인 신호다. 계속 깐깐하게 요구하다 보니 나름대로 신경을 써서 작성하기 시작한 것이다. 기본에 충실하고, 세심해져야 할 것이다. 안 되면 될 때까지 계속 시도한다. 한동안 번역을 포함한 모든 문서는 내게로 집중될 수밖에 없다. 감당해야 할 일이다.

한편 한국 측에서는 답답하다. 업무 능력에 관한 한국의 기대 수준은 높은 편이다. 업무상 불편이 겹치고 섭섭함에 날카로운 반응이 오가며 오해도 쌓인다. 서로의 사정을 알지 못한다. 본사와 법인 사이에 있을 수 있는 이야기다.

실수를 인정하지 않으니 나아지지 않는다. 끊임없는 대화와 노력으로 풀어나갈 수밖에 없다. 고개를 끄덕이고 지시에 따르지만 체화되지 않은 까닭에 쉽게 다른 일에 응용이 안 되거나 원상 복귀를 거듭한다. 이런 요요현상에 마침내 회의적으로 변하기 쉬운데, 관리자는 그럼에도 반복 시도하는 것을 자신의 과업으로 삼을 수밖에 없다.

방치할 순 없다. 본사의 입장에선 나태하게 여긴다. "차라리 내가 한다"며 나서는 일도 많다. 혼자 일을 다 한다. 하지만 인도에서 솔선수범이 꼭 미덕이라고 할 수 없다. 각자의 위치와 영역을 중시하는 곳이니 오히려 역효과도 생긴다. 상수는 아니다.

끌고 가려니 답답한 심정에 화도 내본다. 하지만 분노는 인도인들에게 하등 도움이 안 된다. 신뢰와 존중이 없어지고 진심으로 따르지 않으면 하는 일에 표가 난다. 긍정적인 변화의 가능성도 낮아진다. '내 탓이오' 캠페인을 벌인다. 마인드를 바꾸기란 어렵다. 다만 좋은 분위기로 그런 문화를 만들어보자는 취지다. 시간은 걸리지만 조금씩 나아지는 부분이다.

시간

규칙적으로 회의를 주관한다. 물론 초기에는 때와 장소를 가리지 않고 대화를 나눈다. 그 백미는 역시 주간 회의다. 매주 월요일 오전 10시를 회의 시간으로 정한다. 일사불란하게 주어진 업무에 응할 수 있도록, 규칙적인 보고 체계를 갖출 수 있도록, 그것이 법인과 본사에 공히 통할 수 있는 프로세스가 되도록, 다가올 수많은 일들을 정해진 원칙과 틀 속에 수행할 수 있도록… 그리고 지각할 수 없도록, 주말의 잔영에서 벗어나 곧바로 일에 집중할 수 있도록. 나는 아침 10시 출근을 주장하지만, 한국은 시차(한국보다 네 시간 늦다)를 감안해 한 시간이라도 빨리 출근하길 바란다. 실상은 출근 시간부터 지키기 어렵다.

극심한 정체와 지옥 같은 대중교통의 환승을 수차례 거쳐야 하는 출근길이다. 조금 멀리 사는 직원들은 실제 거리보다 체감하는 거리가 멀다. 출퇴근 시간만 3시간 넘게 걸리는 직원도 많다. 몬순의 우기(雨期)면 길이 끊겨 옴짝달싹 못한다. 시간관념이 부족해야 할 환경이다. 업무 이전에 이미 지친 기색이 역력하다. 가까운 곳에 사는 사람만 채용하기도 어렵다. 인도는 종교마다 휴일이 다양해 쉬자고 작정하면 일 년 내내 쉴 수 있는 곳이다. 때문에 꼭 쉬어야 할 휴일만 쉬다 보면 회사의 지정 휴일은 며칠 안 되고, 생산 법인이라 주 6일 근무를 하니 가혹한 수준이 된다. 근무 시간으로는 한국 사람보다 더 많이 일한다.

한 시간의 차이는 크다. 이런저런 궁리를 한다. 셔틀을 운영한 것이 방법이 될 것이다. 마음속으론 그 고충을 이해 못하는 바 아니지만, 규칙은 규칙이다. 특별한 일이 없으면 시간을 엄수토록 한다. 하지만 지켜지지 못할 규칙은 오히려 부메랑이 되어 돌아온다.

관리 시스템

관리 프로그램으로 ERP(Enterprise Resource Planning, 전사적 자원 관리)와 탤리(Tally) 등도 도입한다. 다만 규모가 작은 단위의 기업이다 보면 ERP를 대신해 수기로 관리하고, 점진적으로 도입을 검토한다. 미숙한 상황에서 관리해야 할 문서가 늘어나는데, 모든 자산의 흐름이 관리되어야 하므로 다른 묘책이 없다. 지극히 인도다운 문서 천국이 되어간다.

수기로 입출고를 기록하다 보니 녹록치 않다. 관리에 미숙한데 다루는 물품이 다양하고 종수가 많다 보니 기록을 잘못해 수량이 맞지 않는 경우도 종종 발생한다. 그러면 사람을 모아 모자란 것을 확인하려 하나하나 개수를 세는 일이 많다. 사막에서 바늘 찾기다. 재무팀은 탤리의 라이센스를 구매해 사용한다. 바로바로 필요한 데이터를 관리 추출해야 하니 비용 관리는 더 신경을 기울인다. 구매와 발주, 입출고의 관리는 수기로 기록하고, 재무팀은 탤리로 비용을 기록하니 서로 교차 확인을 하는데, 일치하지 않는 이상한 일도 발생한다. 관련 부서 두 곳이 업무를 제대로 공유하지 않아 발생하는 문제다.

한 번은 법인 직원 간에 큰 다툼이 일어났다. 대체 왜 데이터가 맞지 않느냐를 두고 두 부서를 불러 책임을 물었더니 둘 다 이유를 모른다고 발뺌이다. 확인해 보니 한쪽에선 대충 메일을 보낸 채 이미 공유했다 하고, 다른 한쪽에선 그런 이야기는 들어본 적 없다는 것이다. 양측 다 용서가 안 되는 이유다. 적절하게 협업을 해 정례적으로 공유하거나 건마다 대조하여 기록해나가야 될 일인데 작은 법인 조직에서 부서 이기주의다. 앞서 자신만의 영역을 구분하고 정보를 독식하려는 경향이 있다고 언급한 적이 있는데, 마침 이 다툼이 바로 그런 경우다. 게다가 무슬림 남성 직원과 힌두교 여직원 간에 일어난 다툼이다. 결국 어디서 잘못된 것인지 찾는 재확인 과정은 더 힘들다. 시간 낭비다.

그처럼 불협화음을 내는 이유를 본인들은 잘 모른다. 나한테 크게 한 소리를 듣고 자리로 돌아가더니 서로 상대에게 책임을 전가하며 불이 붙었다. 다들 알 만한 나이인데… 본성이 나쁜 게 아니라 그런 알력이 존재한다. 인종, 계급, 종교, 성별 등등 인도의 모든 다양성이 조금씩 그 원인을 제공할 수 있고, 단순히 서로 질투하며 사이가 나쁠 수도 있다. 그들 입장에서는 일종의 위계질서와 주도권 싸움이다. 무슬림에겐 그들에게 익숙한 문화와 가치관이 있고, 인도 여직원은 능력 있는 현대 여성이다. 심지어 너는 누구 편이냐며 서로 눈치를 보는데 중간에 끼인 힌두교 직원들은 종교와 성별 사이에서 애매한 태도를 취했다. 남자 직원들끼리 똘똘 뭉쳐 점심 식사를 하며 불만을 토로하고, 여직원은 여직원대로 자신과 가까운 상위 계층의 남자 직원을 내게 데려와 미주알고주알 무슬림 직원의 사소한 비리를 일러바친다. 종교적 불신과 갈등도 보이지만 남성들은 자신들보다 인정받고 큰 목소리를 내는 여직원을 견제한다. 흥미로운 사회 표본이지만 방치할 순 없다.

결국 중재자로 나선다. 어설프게 그 문제에 대해 아는 듯 행동하진 않는다. 서로 간에 팽배한 긴장을 풀어주는 것이다. 먼저 각각을 불러 발언 시간을 주고 화를 내 불만을 뱉어내게 만든다. 하지만 업무상 동등한 책임이 있으니 결국 그들 누구도 잘한 건 없다. 이성적으로 잘못한 점이 무엇인지 따지고 개선을 다짐하게 한다. 서로의 입장에 대한 이해를 당부하고, 이곳은 중립 지대임을 다시 한 번 천명한다. 소통할 줄 알고, 좋은 팀워크를 보이면 더 좋은 업무 평가를 받는다고 덧붙인다. 다시 사무실 분위기가 밝아진다. 회식도 한다. 그럼에도 관리자가 직접 챙기지 않는 경우 서로 협력해서 일하는 법은 드물다. 잊지 말아야 할 것은 한참 싸우는 데 열을 올리는 사이 여전히 데이터는 맞추지 못했다는 점이다. 수시로 직접 관리하는 것이 안전하다.

찬드니 쵸크의 십자 나사

모두가 감탄했다. "광장하구나, 정말 없는 게 없어!"

생산 준비에 들어간 법인은 드나드는 사람들로 분주해졌다. 생산, 구매, 개발 등 본사의 관련 부서에서 차례로 사람을 보낸다. 드디어 사람 사는 곳 같다. 운영에 대한 지침과 조언을 해주고, 제품 교육과 생산 지도를 해주며 필요한 것을 찾는 데 도움을 준다. 계획을 가지고 몇 차례에 걸친 단계적인 지원이 필요하다.

방문하는 사람들이 묻는다. "언제 타지마할을 보러 가나요?" 귀중한 손님들이니 조심스럽게 답한다. "타지마할은 일단 나중에 보시고 먼저 찬드니 쵸크부터 같이 가시죠. 거기가 진짜 인도예요."

진짜 인도를 보여주려는 의도보다는 사실 도움을 구할 게 많기 때문이다. 생산을 위한 구매가 필요했다. 주요 현지화 부품에 대한 아웃소싱 이전에 먼저 생산에 필요한 설비부터 갖춰야 할 일이다. 조달해야 할 자재와 구매해야 할 품목이 많으니 먼저 전체적인 목록부터 정리해두는 게 순서다.

필요한 목록이 준비되면 시장 조사를 시작한다. 일단은 공구와 소모품 등 쉬운 것부터 노린다. 델리 인근 지역일 경우, 날을 잡아 재래시장인 찬드니 쵸크와 네루 플레이스의 전자상가를 가본다. 그 과정에 법인 직원들이 따라나서 본사의 안목을 배운다. 역시 전문가들은 필요한 정보가 모두 머릿속에 입력되어 있다. 그 노하우라는 건 단기간에 배울 수 없어도 법인은 흉내를 내보자는 것이다. 시장 조사를 통해 목록에서 인도에서 조달이 가능한 물품을 확인하고, 수입 조달과 현지 조달을 구분하는 건 매우 중요하다.

공구와 소모품은 대부분 인도에서도 어느 정도 수급이 가능하다. 다만, 수입품은 한국보다도 고가로 공급되는 경우가 있다. 그런 부분은 본사에서 공급되는 부품의 수입 시에 함께 공급 받는 게 이득이다. 인도에선 구하기가 까다로운 물품도 있다. 몇몇은 현지에 많아도 필요로 하는 규격과 달라 구할 수 없는 경우도 있다. 가령 조그만 나사 하나를 조달해도 품질이 만족스럽지 못하거나 RoHS(Restriction of Hazardous Substances, 유해물질 제한지침) 등 규격에 맞지 않아 수입해야 할 수 있다. 흔한 생산 공구도 인력에 익숙한 인도에선 잘 쓰지 않거나 구하기 어려운 경우가 많다. 생산 이전에 꼼꼼히 챙겨야 할 부분들이다.

찬드니 쵸크는 대단하다. 거대한 시장을 골목골목 순례하듯 살피며 걷다 보니 없는 게 없다. 어느 골목은 공구와 소모품 상가의 향연이 펼쳐졌다. 누군가 말한다. "정말 없는 게 없군요!" 하지만 또 이렇게 말한다. "많긴 많은데 조금…" 직접 가봐야 감이 잡힌다.

국산화

한편 시급한 것은 국산화해야 할 부품들이다. 대부분의 핵심 부품은 한국에서 가져오지만, 일부는 어떻게 해서든 현지에서 조달해야 한다. 가장 큰 숙제다. 조사를 통해 가능할 만한 품목들만 추렸지만, 조건에 맞는 구매처를 확보하기까진 상당한 시간과 노력이 필요하다. 본격적인 구매 업무는 이 과정에서 이루어진다.

인도의 국산화 부품은 크게 몇 가지로 좁혀졌는데, 전 제품의 완전 국산화는 어려워 완화된 조건이다. 그럼에도 만만치 않다. 조달이 용이한 부분도 있지만 몇몇 핵심 부품은 어렵사리 업체를 발굴하고 기술자를 파견해 끈질기게 기술 지원을 해야 비로소 양산 공급이 가능하다. 인도의 제조업은 미지의 분야가 많고, 함께 성장해야 할 지난한 과정을 거쳐야 한다.

하지만 어려움과 기회는 동전의 양면이다. 가능한 이른 시점부터 업체를 발굴하고 엔지니어를 파견해 샘플 제작과 기술 교육을 하는 과정을 거친 뒤 공급 계약을 체결해 나갔다. 후보는 많았지만 단계를 거치며 남은 업체는 적다. 공이 많이 드는 작업이지만, 예비 업체가 부족하다는 점도 난제다. 만약 문제가 발생하면 대안이 없다.

설립 검토와 동시에 인도로 건너가기 이전부터 현지 협력업체를 찾아 나섰다. 그만큼 시간이 필요한 일이다. 가능한 많은 업체의 명단을 확보하고, 그런 다음에 직접 방문한 뒤 한 번 해봄직한 곳은 각기 샘플을 제작하고 양산 견적도 받아본다. 공급처를 다변화하기가 어렵다는 것이 인도 생산의 가장 어려운 점이다. 무조건 된다는 답변에 진행을 해보면 계약과 생산 단계는커녕 제대로 된 견적조차 보내는 곳이 잘 없다.

구매 지역도 문제가 된다. 인도 전역으로 구매 범위를 넓히면 대안이 아예 없는 건 아닐 텐데, 거리가 멀면 물류비용과 품질 관리가 고민이다. 그러다 보니 보내온 견적도 만만치 않게 높다. 때문에 부품의 공급업체는 되도록 가까운 곳을 찾을 수밖에 없다. 아울러 인도에서의 생산은 원자재의 수급 상황에 크게 영향을 받는다. 어떤 원자재의 공급이 막히면 비용 상승 이전에 공급 일정에 차질을 빚는다. 한편 부품의 현지 공급에 차질을 빚으면 수입을 하게 된다. 수입에 의존할 경우 결국 비용이 화두다.

인도에서 현지 구매하지만 결국 수입품인 경우도 많다. 인도의 총판과 딜러를 통해 구매하는데 애초 국산화의 의미가 없고, 세계적으로 검증된 제품임에도 총판 업체나 지역 딜러의 수준이 함량미달인 경우가 많다. 높은 관세로 수입품의 가격은 상당히 높고, 그렇다보니 재고 보유량도 떨어진다. 환율 변동이 있으면 계약을 파기하고 공급가를 높이는 경우도 허다하다. 반도체 분야처럼 재고를 일부러 풀지 않는 경우도 많아 정기적으로 부품을 수급해야 하는 입장에서는 난감한 상황도 간혹 생긴다. 법인이나 지사가 아닌 총판이나 딜러를 통해 기술 지원과 서비스를 제공할 경우도 문제가 있다. 품질 이슈가 생기면 온갖 시행착오를 겪고 돌고 돌아 해외의 본사에 연락을 취한다. 결국 인도에서의 생산은 어느 정도 국산화가 가능하냐에 따라 많은 영향을 받고, 진출에 앞서 가장 중점적으로 검토해야 할 부분 가운데 하나다. 현지 조달과 국산화가 가능한지, 수입시 어떤 차이가 있는지 세금 체계와 더불어 면밀한 사전 검토가 필요하다.

지금보다 다음

    시간은 빠듯하다. 양산을 앞두고 샘플 제작에 박차를 가한다. 수입품, 상용 구매품 그리고 특히 국산화된 부품의 샘플이 속속 도착하며 시범 제작을 해본다. 입고부터 조립, 테스트까지 일련의 과정을 예행연습한다. 이 과정을 통해 최종 점검을 하고 개선점을 도출해 해결해 나간다. 세상의 어떤 물건도 뚝딱 나오는 법이 없다.
    그 과정에 교육과 기술 이전, 작업 지도 등이 이루어진다. 국산화된 부품의 제작은 난망하다. 가령 제품의 외관을 결정하는 케이스 제작의 경우 사용 자재에 따라서는 가공 기술이 떨어져 처음에는 수평이 맞지 않고 뒤틀어지거나 문이 처지는 현상도 발생한다. 제조는 기본에서 노하우가 드러난다.

그 부족함을 빠르게 개선하고 일정 수준으로 끌어올리는 것이 목표다. 하루가 멀다고 인도 업체를 찾아가 독려한다. 적절한 공간과 설비, 입력을 갖추도록 설득하고 적시에 기술 지원을 해준다. 현지 업체는 자부심이 강하다. 조사 단계부터 비교 대상이 없는 업체였다. 하지만 한 번 제작해보라며 도면을 주고 샘플 제작을 의뢰했더니 도중에 갑자기 답이 없다. 기다리다가 찾아가니 제작을 멈춘 상태다. "할 수 있다"는 대답은 필히 두 눈으로 확인해야 한다. 기술은 부족한데 자존심은 강해 직접 도움의 손을 건네지 않으면 답이 나오지 않는 경우가 많다. 그런 건 업체 사장의 말을 믿을 게 아니라 직접 현장을 찾아가 봐야 알 수 있다. 사람이 움직여야 한다.

한국에서 온 기술자가 업체를 전담 마크한다. 그것이 시간을 단축하는 유일한 방법이다. 제품을 구매하는데 이렇게까지 해야 하니 일방적인 구애에 상대는 꿩 먹고 알 먹기로 보인다. 적어도 기술 지원 비용은 받아야 하는 것 아니냐 하지만, 냉정히 말해 그것은 인도 바라기의 현실적인 자세다. 아쉬운 쪽이 급한 법이지만, 멀리 보면 필요한 과정이다. 오히려 그마저도 계산에 넣는 것이 마땅하다.

인도의 국산화지만 처음은 사실상 우리의 기술자가 생산한다고 맘먹는다. 양산 단계에서도 품질에 민감한 제품은 노하우에 격차가 있고 생산량이나 속도가 부침이 심해 우리 인력이 관여해 직접 진두지휘하여 생산을 이끈다. 일의 우선순위가 뒤로 밀리면 다시 맨 앞에 놓는 수고도 필수적이다. 이미 유사한 분야의 산업이 정착한 경우라면 좀더 수월하다. 하지만 그들도 처음부터 쉬웠던 건 아니다. 지난한 과정과 수많은 시행착오를 통해 지금에 이르는데, 결국 그러한 도전들을 통해 인도 시장은 무르익어 간다. 지금보다 다음이다. 그런 의미에서는 나도 먼저 길을 걸어온 사람들을 따르고, 또 다음 사람들을 이끄는 것이다.

내부 인력의 교육이 이루어진다. 생산 라인에 작업지시서도 배포된다. 아뿔싸 그런데 생산직 근로자들이 글을 모르는 경우가 있다. 사진 설명과 몸의 언어로 그 문제에 대처한다. 스태프의 역할은 중요하다. 그런데 스태프 중에 뒷짐을 지고 손가락질만 하고 있는 직원이 있다. 나를 비롯해 한국인과 인도인을 포함한 현장의 모든 스태프가 팔을 걷어붙이고 일손을 돕는데 혼자 뭐하는 짓이냐며 다들 고개를 젓는다. 굳이 해석하면 몸으로 하는 일은 거부하거나, 쇠를 만지는 일은 금기시한다는 것이다. 실제 인도 업체의 공장에 가보면 스태프는 한 발 물러서 있고, 십장이 주도해 현장의 일을 도맡는다. 금기의 문화는 언제나 존중하는 편이다. 그러나… 반문해 보아야 한다. 당신은 왜 여기서 일하고 있느냐고.

문제는 일을 가리고 현장의 일을 터부시하는 문화가 아니다. 무조건 생각을 바꿔 한국식으로 일하라는 것도 아니다. 소속원이 모두 희생하며 노력하는데 현장의 리더가 되어야 할 자가 유연성을 보이지 않으니 자격 미달이다. 절대 중요한 보직을 맡기지 않고 서둘러 다른 사람으로 대체해야 한다. 못하면 과감히 보직에서 열외시킨다. 우리는 스태프가 솔선수범하여 생산 근로자들을 독려한다. 비상이 걸리면 직원들이 총동원되어 생산 라인에 투입된다. 그러므로 눈치가 없으면 난감해진다. 문화적 차이는 존중하고 강요할 수 없는 것을 강요해서도 안 되지만, 존중은 쌍방으로 통해야 한다. 그것으로 함께 일할 준비가 되어있는 사람인지 판단된다.

돼지신

주말을 이용해 한국의 출장자들과 아그라로 향한다. 머리도 식힐 겸 타

생활 속의 신상(神像).

지마할을 보기 위해서다. 거듭 보아도 신비한 곳이다. 다들 그 신비로움 앞에 심신의 피로를 달랠 것이다. 인도 직원들도 긴장과 스트레스가 많이 쌓였다. 너무 거칠게 그들을 몰아쳐왔다는 미안한 마음도 있다. 본격적인 생산 일정이 시작되기 전에 한 번은 그걸 풀고 싶다. 회식이나 인센티브로는 부족하다. 하지만 허심탄회한 술 한 잔으로 풀 수 없고, 쉽게 다가서기에는 서로 다른 점이 많다. 그러다가 한 가지 아이디어가 떠오른다. 예전부터 요청을 받던 일이다.

  믿음은 각기 다르고 내겐 특별한 신앙이 없지만, 그렇기에 그들의 믿음을 믿어줄 수 있다. 인도는 곧 종교다. 이제까지 윗선의 반응이 좋지 못해 해보지 못한 일이 있었다. 인도는 어느 곳을 가도 신상(神像)을 모신다. 현지 기업을 가보면 공장 곳곳에 조그만 신상이 마련되어 있는데, 사업과 재물 운을 가져올 가네쉬(코끼리 신)를 자주 만나게 된다. 차 안이나 길가에는 재능이 뛰어난 하누만(원숭이 신)을 만나게 되고, 우주의 질서를 유지하며 여러 번 환생한 비슈누를 모시는 곳도 많다. 사업 운이라면 가네쉬가 가장 인기가 좋다. 힌두교에서 믿는 신은 무수히 많은데 이런 신상을 모시는 효과는 결코 허위가 아니다. 사운을 기리고 직원들의 마음을 하나로 모으며 주어진 일의 달성과 무탈함을 기원한다. 그리고 신이 내려다보는 직장 안에서 경건하게 행동하고 자신에게 주어진 책임과 의무를 다한다. "어떤 신이라도 좋습니다." 직원들이 건의한 사안이었다.

하지만 회사가 극구 반대한다. 좋은 의미인데, 새롭고 다른 것에 대한 거부감은 컸다. 오히려 직장과 종교는 분리해야 한다는 생각을 가진다. 차라리 중립을 지키자는 생각이다. 하지만 실상 인도에선 다른 종교를 믿는다고 서로 담을 쌓는 게 아니다. 종교적 갈등은 서로의 성역을 침범했을 때 일어나는 문제다. 인도 사람들에겐 자기와 다른 신앙을 가진다는 것이 신앙을 가지지 않는 것보다 훨씬 이치에 닿는다. 복잡하니까 거리를 두려는 심정은 이해해도 참 안타까웠다. 게다가 종교는 인도 사람들에겐 생활 그 자체다. 크고 거창한 사원을 찾지 않더라도 길거리 작은 신전과 자신의 집 안 그리고 릭샤 안까지 신전을 두고 매순간 신과 대면한다. 일어나 잠들 때까지 삶의 흐름을 따라 신앙생활이 이어지는데, 직장에 신전이 없다면 그 연속된 흐름이 잠시 끊긴다. 마음이 흔들릴 때마다 신상을 마주하니 그들의 삶은 다르다. 조금이라도 더 착실해지고, 미룬 일이 있으면 책임감을 가지고 서둘러 마무리 하며, 슬쩍 잘못을 저질러도 곧 후회하고 반성한다. 인도의 모든 종교와 신앙은 인도 사람들을 더 바른 방향으로 이끌어준다. 신앙과 율법에 따르고, 현기증이 날지언정 단식 기간에는 끼니를 거르는 인내력을 발휘한다. 이런 부분을 이해하고 좀더 알고 배려해준다면 어떨까…

한편 법인의 개업일, 한국에선 누군가 돼지 머리를 구해 제사라도 지내야 하는 것 아니냐는 의견이 나왔다. 깜짝 놀라 손사래 친다. 돼지를 모신다고 오해할 일이다. 심지어 이슬람교에서는 돼지고기를 금기시한다. 몰라서 한 말일 뿐이지만 웃픈 실언이다. 돼지를 모실 생각이면 차라리 제대로 된 코끼리 신을 모셔야 한다. "어떤 신상을 들여야 해?", "회사에서 신상을 모시는 건 좀 이상하지 않아?" 틀린 말은 아니다. 모르면 차라리 물러서는 게 안전한 방법일 수 있다. 하지만 그것을 정답이라고 말하긴 어렵다. 인도 사람들을 어루만지고 달래자면 한 번 고려해볼 만하다.

질량 이변의
법칙

⋮

 판두족의 희망은 아르주나다. 그는 수행을 거듭하고, 형제들을 대표해 천상의 무기를 얻기 위해 신들이 기거하는 히말라야로 떠난다. 그 사이 유리스티라와 나머지 형제는 드라우파티를 보호하고, 고비를 극복하며 스스로를 단련시켜 나간다. 한편 인드라와 마주한 아르주나는 천상의 모든 무기를 다룰 수 있게 되고, 어떤 무기도 뚫지 못할 갑옷을 선물 받는다. 그리고 형제와 아내를 떠난 지 다섯 해 만에 인드라의 황금 마차를 몰고 돌아온다. 판두족 형제들은 크리슈나와도 재회한다. "이제 잃은 것을 되찾을 시간이 다가온다."

 유배 십삼 년째, 판두족의 유배생활은 어느덧 막바지에 접어든다. 하지만 그들에겐 마지막 운명의 시험이 남아있다. 카우라바족은 호시탐탐 판두족 형제를 노리며 첩자를 보낸다. 암중모색하던 판두족 형제는 운명의 시간이 오기까지 끝까지 몸을 숨기기로 다짐한다. 오랜 유배 생활로 피폐해진 몰골로 길을 떠난 그들은 수행자나 사냥꾼 행세를 하며 한 왕국에 몰래 숨어든다.

 판두족은 자신보다 낮은 곳에서 더 낮은 자세를 취한다. 유디스티라는 주사위 놀이꾼이 되고, 비마는 요리사, 나쿨라는 마부, 사하데바는 소몰이가 된다. 드라우파티 역시 왕비의 시녀가 된다. 그리고 세상의 태양, 지고한 브라만, 지상 최고의 궁수인 아르주나는… 환관이 되기로 한다. "형님, 저는 제 삼의 성이 되겠소!" 유디스티라는 비통한 마음에 외친다. "나의 동생 아르주나여, 정말 가혹하구나. 네가 고자라니!"

하지만 아르주나는 인드라의 명을 기억하고 있었다. "세상이 파멸에 이를지니, 경솔하지 말거라." 정당한 이유 없이 자신과 천상의 무기를 드러내지 말라는 뜻이었다. 마지막 시험에 드는 형제들은 다짐한다. "이제 일 년만 참으면 잃어버린 왕국을 되찾을 수 있다."

자리를 얻은 판두족은 그처럼 마지막 유배 생활을 보냈다. 최후의 시험이 가장 무거운 법이다. 이제 인도 법인도 생산이라는 마지막 고비, 진정한 시험 무대에 이른다.

순수 물리

"어, 어, 조심!"
"쿵, 쿠당탕탕!"
"에이…"

새된 고함소리와 함께 정체 모를 굉음이 들렸다. 한밤의 고요 속에 여지없는 균열을 가한다. 그 속에 묻어난 인부들의 날선 목소리는 꼭 자포자기하고 만 시지프 같다. 웅성웅성 몇 마디 오가는 분위가 무언가 잘못된 모양이다. 흠칫 놀라 창밖을 내다봤는데 다행히 큰일은 아닌 듯하다. 화물이 좀 세게 바닥에 내려앉았다.

사람이 다쳤을까, 혹 파손된 물건이라도 없을까 전전긍긍해야 하지만, 몇 차례 유사한 일을 겪다보면 다소 덤덤해진다. 워낙 물류 환경이 좋지 못하다. 고장이 날 것이면 이미 고장이 났을 것이다. 어렵게 바다와 하늘을 건너와도 국내 운송 과정에 손상되는 경우가 많다. 길은 험하고 장비는 낙후해 언제나 늦다. 도착한 다음에야 포장을 뜯는 것이니 어디서 문제가 생겼는지 알 길은 없다.

하역 과정은 진귀한 장면을 연출한다. 사람 손이 참 무섭다. 바닥이나 계단이 상하지 않도록 천을 깔고 아무런 장비 없이 무거운 물건을 손으로 끌고 밀어 옮긴다. 높은 곳을 오르내릴 때는 더욱 볼 만하다. 크레인 없이 한 줄기 동아줄을 고리에 걸어 한쪽은 물건에 동동 매고, 다른 한쪽은 줄다리기하듯 여럿이 매달려 높은 곳으로 끌어올린다. 걱정스럽다가도 그런 진기명기를 보면 넋을 잃는다. 피라미드는 외계인의 흔적이라고 주장하는 사람도 있지만 어떻게 저렇게… 첨단의 도구란 인도에선 한낱 겉치레라 없으면 없는 대로 어떡해서든 해낸다.

인부에 관해서는 인도의 쿨리들만큼 신뢰가 가는 이들도 없을 것이다. 좀처럼 주어진 일에 실패하는 법이 없다. 깡마르고 왜소한 그들이 초인에 가까운 힘과 순발력을 발휘할 수 있는 것은 끈끈한 생활 본능이요, 쿨리 고유의 DNA 같은 것이다. 그렇지 않으면 생계를 이어갈 수 없을 그들의 몸은 오랜 기간 축적되어온 짐꾼의 노하우만큼 단단하다. 크고 무거워도 지불할 요금의 합이 맞으면 된다. 각오를 다지듯 몇 초간 눈을 부라린 뒤 곧장 달려들어 거뜬히 처리해낸다.

그들은 긴장한 듯 판(인도식 씹는 담배)을 씹다가 장소가 어디든 거만하게 '퉤' 하고 뱉는데 그런 모습에 비장함 같은 게 서려 있다. (물론 나는 아무 데나 뱉는다며 길길이 뛰며 화를 낸다) 위험한 순간도 많고, 부상도 곧

잘 입는다. 안전모나 안전 장비를 착용하기는커녕 심지어 맨발이다. 하지만 대개는 직감이 뛰어나다. 위험하다 싶으면 재빠르게 손을 놓고 몸을 피한다. 다치는 사람은 꼭 젊고 건장한 사람들이다. 나이 든 인부는 다치는 일이 드물다. 힘이 아닌 요령이다. 노장은 살아있다. 그들은 언제나 근처에 있다. 픽 미 업(Pick me up)… 일감이 있는 날이면 어디선가 듣고 모여들어 담벼락 아래 옹기종기 앉아 있는데, 얼핏 부랑자 같지만 일을 시켜보면 짐꾼도 그만한 프로 짐꾼이 없다.

폐차장에서 갓 살아 돌아온 듯한 낡은 트럭이 건물 담 밖에 도착한다. 그 위를 오늘의 인부로 선발된 쿨리들이 몰려들어 포위하듯 삽시간에 에워싼다. 몇몇은 올라타고 몇몇은 아래에서 받는다. 실려 온 짐은 낱낱이 해체되고 그럼에도 상당히 무거운 화물들을 아무런 도구 없이 옮긴다. 법인을 설립하며 화물의 입출고가 걱정이라고 했는데, 설비가 어떻다, 도구가 어떻다 했던 고민들이 무색해진다. 맨손, 맨발에 왜소하고 삐쩍 말랐지만 육체라는 이름의 만능의 도구가 있다. 그 원초적이고 순수한 물리(物理)…

그 순간 화물이 쿵하고 세차게 바닥으로 떨어진다. 모두들 탄식을 지른다. "에에이…"

망했다.

지난 잘못은 다시 묻는다

한밤중에 달밤의 체조다. 하지만 어지간히 반가운 소동이기도 했다. 필요한 자재가 입고되지 않아 며칠째 애태웠던 참이다. 일정대로 생산하고 납품하라는 사람은 있어도 일정대로 필요한 부품들을 납품해주는 사람은 드물었다. 필요한 부품들이 도착한 것만으로 큰 걱정을 한시름 덜었다.

델리 남단의 외곽도로는 화물차량의 운행 시간을 통제했다. 밤이 되면 길이 열리는데, 목적지에 도착하면 이미 밤이 늦어 거의 자정에 가까워진 경우도 있다. 운행 시간의 통제는 아직 도로 확장이 이뤄지지 않아 심각한 교통 체증을 완화하기 위한 조치인데, 결국 물류 인프라의 문제다. 인프라 문제는 지속적으로 개선되고 있는 추세다. 다만 인도 땅은 워낙 넓고 할 일도 많다. 결코 예정대로 오는 법이 없다. 그러므로… 사람들은 오히려 느긋하다. 나는 얼굴이 사색이 되어 조바심을 내는데, 직원들은 "오지 않는 걸 왜 애타게 기다리느냐?"는 표정이다. 어차피 제때 오지 않으니 느리면 오히려 더 느리게 사는 지혜다.

한편 트럭은 더 느긋하다. 너무 늦어져 다음날 오전에 오니 대기 비용을 주지 않으면 앞에 내리고 가버린다고 협박한다. 그런 것은 꼼수라는 의심도 지울 수 없다. 추가 비용의 문제기 때문이다. 애초 통관을 하고 배송하기까지의 시간을 잘 조정해야 하는 문제지만, 목을 빼놓고 기다릴지, 물 흘러가는 대로 놔둘지 선택할 문제다.

물 건너고 하늘 날아 인도 땅을 달려오는 것만큼 통관도 신경 쓰이는 부분이다. 관료 행정상의 지연도 감안해야겠지만, 자기 발등을 찍는 일도 조심해야 한다. 그 이유인 즉 관세 부담을 줄이고자 HS 코드(관세 코드)를 유리하게 해석해 임의로 정하는 경우가 있는데, 이때 인도의 세관은 과거 유사품목의 전례를 기준으로 삼아 조금이라도 의심스러운 부분을 발견하면 이의를 제기한다. 한번 통관이 지연되면 세관의 각종 질의 요청에 답해야 하고, 당장은 물류 업체와 관세사를 독려해 (혹은 수업료를 지불하고) 통관을 시켜도 결국 훗날 벌금으로 그 대가가 되돌아올 가능성은 크다. 한번 벌금이 부과되면 불복할지라도 일단 벌금을 납부한 뒤 행정과 법률상으로 지난한 과정을 거쳐야 한다. 특히 외국 기업은 주의의 대상이다. 지연될 경우 직접 세관을 찾아가는데, 논리적이고 정확한 인도 앞에 궁색하다. 편법보다 원칙이다.

마음대로 HS 코드를 써냈다가 배송된 물품이 세관에 걸렸다. 원래 그렇게 하는 것이 요령이라고 생각했기 때문이다. 무역업을 하다보면 사실 원칙만으로는 부족하고 요령도 필요한데 그 요령이 편법과 구분되는 경계는 애매할 수도 있다. 인도에서는 겪을 수 있는 일이니 너무 걱정할 필요는 없다. 교훈으로 삼는다. 사람이 가서 빼오는 수밖에 없다. 다만 시간이 걸리고, 억지로 통관을 시켜도 찜찜하다. 혹 이런 식으로 한 번은 넘어가도 그 다음엔 또 다른 세관원이 부임하고 서류를 뒤적여보다가 지난 일까지 들춰낼 수 있기 때문이다. 일사부재리? 설마 하지 말고 빨리 인도의 원칙에 적응할 일이다.

하루는 한국에서 위문품을 보냈다는데 아무리 기다려도 우편물이 도착하지 않아 알아보니 무겁다며 우체국에서 직접 찾아가란다. 리어카에 끌고 배송하는 모습도 본 적이 있어 직접 가본다. 우체국 직원은 내용을 확인하겠다며 포장을 뜯는다. 이것도 통관의 하나인가 싶다. 그나마 나은 편이다. 누군가의 음식 소포는 포장을 뜯어서 직접 손가락으로 맛보고 있다. 먼 길을 오는 사이 라면 박스는 이리저리 뜯겨 상처가 가득하다. 위문품을 위로하고 싶은 심정이다. 인도에서 살다보면 재미있는 일이 한두 가지가 아니다. 갑자기 득도할 수야 없겠지만 계속 안달하면 살기 어렵다. 어지간히 성마른 사람도 인도에서는 느긋해져야 산다. 왜 인도에 군자가 많은지 이해도 간다. 급하면 나만 손해다. 당일 배송, 퀵 서비스, 초고속… 다급할 경우엔 버선발로 직접 가져다주는 세상에서 살다오니 적응이 힘들다. 하지만 머물다 보면 한번쯤 생각해보게 된다.

'어쩌면 우리가 너무 빠른 것은 아닐까?'

손실에 관한 여유

입고된 화물의 포장을 풀고 품목별로 수량을 확인한다. 수입 검사는 시간이 걸린다. 정해진 공간에 품번 순서대로 도열해 육안 검사를 하고 전원을 넣어 동작 테스트도 실시한다. 전수 검사는 어렵지만 가급적 조심스럽게 일을 진행시킨다. 일련의 과정은 스태프와 생산직 근로자들이 주도해 본다. 입고 리스트를 작성해 수량을 정확하게 기록하고 품목을 분류하고 자개 창고에 적재하도록 한다. 처음 해보니 실수는 있다. 숫자를 잘못 세거나 한국에서 보내온 목록과의 대조 과정에서 사소한 차이가 발생한다. 수천 가지가 넘는 품목을 다루니 손이 많이 가는 작업이다. 처음엔 우왕좌왕하고, 시간이 좀 지나야 숙달되기 마련이다.

테스트 과정부터 일이 좀 어렵게 풀린다. 파손이나 불량이 생각보다 많다. 포장에 주의를 기울였음에도 도착한 제품들은 테스트 전에 휘거나 부러지는 등 육안상의 문제점이 발견되었다. 보험이 들어 있는 화물이라도 운송 도중 여러 손을 거치는 사이 책임 소재를 밝히는 일이 복잡하다. 고가의 자재, 기술적으로 현장에서 수리하기 어려운 부품은 안전한 포장 방식을 요구해야 한다.

적당한 여유 물량을 확보하는 것이 관건이다. 계약된 수량 외에 내부적인 예비 수량이 필요하다. 일반적인 불량률을 감안하거나 정해진 수량에 빠듯하게 맞출 경우 자재 부족이 불을 보듯 뻔하다. 결국 비용의 문제인데, 경험과 노하우를 발휘해야 할 문제다. 일정에 맞춰 울며 겨자 먹기로 뒤늦게 추가 자재를 확보하다 보니 더 손해다. 주문 생산일 경우 소량 재고 확보가 어려울 수 있고, 추가적인 물류비용도 발생한다. 손실에 대한 여유를 좀더 계산에 두어야 한다.

기쁨의 수확

샘플 제작이 완료되고, 양산 물자가 확보되자 곧 생산이 시작되었다. 모든 과정이 일사천리다. 다만 나는 아직 시험대에 서있었다. 걱정의 화신이 다시금 고개를 들었다. "공장에서 일한 적 있나?" 두렵고 긴장되는 목소리다. 반면 그 목소리는 나를 강하게 만든다. 누군가 비판하고 회의적이라면 오히려 마음이 가벼워지는 법이다. 여기는 잃을 게 없는 초짜들이 모인 곳이다. 그 결과는 나의 숙명이다.

열악한 환경에 조직이나 프로세스는 엉성하고 경험도 일천하다. 하지만 신기한 일은 장소와 사람이 있으면 어떤 식으로든 일이 되어간다. 많이 어설퍼도 결국 사람의 의지가 힘이다. 그게 없다면 약해질 뿐이다. 부품은 시간이 흐를수록 차곡차곡 하나의 완성된 제품으로 모습을 바꾸어갔다. 그건 경이로운 광경이었다.

선무당이 사람 잡는 법이다. 나와 법인 직원들은 부족한 대로 제 몫을 해냈다. 특히 생산직 근로자들의 활약이 고무적이었다. 과연 잘할까 싶었는데 별 무리 없이 맡은 바 일들을 해나갔다. 다행스럽고 고마웠다. 칭찬에 박하다면 단순 조립 생산이야 쉬운 법이라며 평가 절하하겠지만 분명 모두가 돕고 협력해서 일구어낸 귀중한 첫 걸음마였다.

얼마 지나지 않아 공장에는 일정한 간격으로 완성된 제품들이 도열했다. 수십 대의 1차 생산분, '메이드 인 인디아'였다. 이제 시작이었다. 공장을 가득 채워야 하고, 마지막 분기부터 시작해 다음해 첫 분기까지 진행되어야 할 일이었다. 그래도 뿌린 씨앗을 한 차례 거두어보는 건 흥분되는 일이었다. 일상의 일에서 느끼기 어려운 카타르시스가 느껴졌다. 구성원 모두가 감격했고 자신감도 얻었다. "이제 됐다!"

이 또한 지나가리

그러나 첫 생산이 무난했다는 건 역설적이게도 겪어야 할 어려움을 다 겪어보지 못했다는 것을 의미했다. 파업으로 인한 특정 자재의 공급 파동이 변수로 작용했다. 주요 자재의 품귀 현상이 장기화되자 인도 협력업체는 중요한 국산화 부품을 제때 공급하지 못했다. 두 번째 생산 일정은 심각한 차질을 빚기 시작했다. 생산의 첫 번째 고비였다.

계약된 일정에 어긋나자 고객의 인내심은 바닥이 났다. 단시간에 법인을 세우고 제품 현지화를 진행하여 생산을 시작했지만 그 모든 노력이 빛을 바랬다. 불가항력이지만, 정해진 예산을 정해진 일정에 써야 하는 고객의 사정상 양보의 여지가 없다. 상황에 대한 설명도 궁색한 변명처럼 여겨질 뿐이었다. 왜 안 되는지 알고 싶은 게 아니라 어떡하든 해내라는 것이다. (인도가 그런 환경인데) 대안은 없느냐, 자재는 왜 미리 확보하지 않았냐… 이유는 있지만 유구무언이다. 누군가 믿지 못하겠단 시선으로 화를 냈다. 파업이라도 재고를 하나도 찾을 수 없는 게 말이 되냐는 것이다. 물론 웃돈을 들여 업체를 독려해 필요한 자재를 구해봤다. 하지만 도저히 쓸 수 없는 품질이다. 인도의 물류 창고를 보았다면 이해가 될 이야기다. 그간 갓 구어낸 빵만 먹듯 따끈따끈한 새 제품만 써왔던 것이다.

뾰족한 수가 없다. 한쪽은 해결하라고 종용하고 다른 한쪽에선 어쩔 수 없는 일이라며 배를 째란 식이니 전방위 압박이다. 인도와 고객 사이 중간에 끼어 잠시 자제심을 잃었다. 부질없는 짓인 걸 알면서 인도 협력업체와 고성이 오갔다. 대책을 마련해야 하니 수지타산에 맞지 않더라도 본사에서의 자재 구매와 수입까지 고려하지만 간단한 일이 아니다. 불가능하거나 판을 뒤집는 일이다. 한국에서 완제품 일부를 생산해야 하는 것 아니냐는 궁

여지책이 나올 즈음 원자재 공급 파동은 어느 정도 해소되었다. 법인 설립 이래 가장 길고 괴로운 시간이 지나갔다. 결국 일이 풀릴 때까지 기다린다. 끝내 스스로 해결해내진 못한다.

천재지변에 가까운 재앙 속에 교훈을 얻는다. 자주 발생하는 일은 아니지만, 이런 일에 대비가 되어있을까? 가능하다면 플랜 A와 B뿐 아니라 플랜 C까지 준비해도 모자랄 일이다. 이제껏 일이 술술 풀렸고, 참 절묘하게도 자신감을 얻자 호된 신고식으로 한 수 배운다. 좀더 겸손해지고, 좀더 내성을 기른다. 어떤 대책도 없다면 결국 참고 견뎌내는 것이다. 시간이 가면 이 또한 지나간다.

춥진 않은데 이상하게 추운 계절, 바야흐로 겨울이 되었다. 밤엔 방안으로 심한 우풍이 불었다. 그동안 좀처럼 잠을 청하지 못했다. 몸은 분주했고 마음은 초로(焦勞)했다. 한 번 밀린 생산 일정은 좀처럼 따라잡기 어려웠다.

품앗이와 기습 파업

잠시 한국에 들어갔다. 법인이 설립된 이후 첫 귀국이었다. 자재 문제로 부침을 겪었지만 그러한 과정을 겪으며 법인은 한층 안정되었다. 계속된 생산 지연도 불철주야로 일한 끝에 후유증에서 조금은 벗어나는 듯했다. 그런데 한국에 머무른 지 며칠이 지나지 않아 불이 나도록 전화벨이 울렸다. 번호를 보니 인도에서 온 전화다. 전화기 저편에서 다급한 목소리가 들린다. "곤란한 일이 생겼어요!" 파업이 났다는 것이다.

파업을 주도한 사람은 안타깝게도 신임을 받던 생산직 근로자였다. 여러 모로 능력이 뛰어나 법인의 에이스라고 칭찬이 자자했는데 나름의 중책을 맡겼고 장차 정직원으로 고용해야 한다는 말도 오갔다. 본사의 기술자들도 그에게 많은 것을 전수했다. 그런데 바로 그런 신임이 오히려 독이 되었다. 엉뚱한 에이스가 되고 말았다. 파업의 이유를 들어보니 나도 모르게 장탄식이 흘러나온다. 좀더 현장에 머물 걸 그랬다.

문제된 건 '품앗이'다. 여느 때처럼 화물이 운송되어 입고되는데, 서로 돕고 사는 법이라며 누군가 의사를 묻지 않고 쿨리의 일에 생산직 근로자들을 동원했다. 나와 바통을 터치해 머무르던 관리자의 생각이었다. 스태프들도 우려했으나 강하게 만류하진 못했다. 가뜩이나 촉박한 생산 일정으로 야간 근무가 늘어 피로가 역력한 상황이었다. 두둑하게 수당을 주어도 불만이 쌓일 상황인데, 주의가 부족했다. 생산직 근로자들은 사무실 안으로 들어오지 않는 법인데 사무실 안으로 들어와 강하게 처우 개선을 요구하기에 이르렀다. 크지 않은 비용이고, 쿨리에게 맡기거나 동원을 하더라도 자발적인 지원자만 수당을 주면 되는 일이었는데, 존중의 문제가 되면 심각한 일이 된다.

서로의 시각에 온도 차가 있다. 충분히 도울 만한 일이라고 생각하겠지만, 인도의 관점은 다르다. 결코 많지 않은 급여에 용역업체에 수수료까지 지급하는데, 자신들보다 못한 쿨리의 일을 강요하며 수당도 주지 않는다고 생각할 수 있다. 의도와 달리 자신들을 무시한다고 여기며 처우 개선을 강하게 요구한다. 나의 책임이 컸다. 양측에 충분한 신뢰를 얻고 이해시키지 못한 탓이다. 뒤늦게 사태를 진정시키지만 반응이 싸늘하다. 가장 안타까운 점은 그간 쌓아온 서로의 신뢰가 무너지고 물질적 계산만 남은 것이다.

인도의 계급 문화는 단순히 상하 복종이 아닌 존중을 통한 공존의 관계다. 물질의 시대지만 물질 외에 아직 더 많은 가치가 남아있는 곳이 인도일 것이다. 넘지 말아야 할 선이 있다. 오해의 소지가 없어야 한다. 생산직 근로자 중에 높은 카스트의 자손도 있을 수 있고, 보수적인 전통을 중시하는 사람이 있을 수 있다. 세상이 바뀌어 간다 한들 그 가치를 여전히 중시하는 인도 사람이라면, 우리에겐 사소한 언행일지라도 큰 모멸감을 느낄 수 있는 법이다. 한편 하필 내가 없을 때 그런 일이 벌어지니 몹시 씁쓸하다. 그들에게 나는 어떻게 비춰진 걸까? 그간 이해한다던 나의 말도 공수표로 들렸을까? 품앗이가 모든 곳에서 통할 건 아니다.

파업에 대한 조치는 급여와 복지에 대한 개선이다. 아울러 주어진 범위 밖의 일에 대한 규칙도 정한다. 가급적 그 일에 맞는 사람을 쓰고 지원자에 한해 더 많은 수당을 준다. 그밖의 일은 스태프들이 근로자의 의견을 수렴해 일을 진행시킨다. 모든 것을 수용할 수 없지만 대부분의 요구 조건을 들어준다. 순둥이라고 생각했던 사람들이 돌변하자 회사는 깜짝 놀란 모양이었다. 얌전하다가 순식간에 불길이 번지는 것이 인도의 군중심리다. 내가 겪은 기습 파업은 무난한 축에 속한다. 상황을 모르고 강경하게 나가다가 폭동으로 번진 경우도 있다.

조금 무거운 마음으로 인도로 돌아갔을 때는 이미 사태가 진정된 후였다. "이제 잘 해결됐어." 하지만 이런 일은 결코 잘 해결되지 않는다. 출근해 보니 법인의 분위기가 낯설었다. 익숙한 얼굴들이 사라지고 몇몇 새로운 얼굴들이 보인다. 그들은 처음 보는 사람이란 듯 나를 쳐다봤다. 용역업체를 통해 파업의 주모자를 교체한 것이다. 생각해보면 예상되는 일이었다. 이제 좀 일을 할 만했는데… 어쩔 도리가 없다. 이후 파견직 근로자들에 대한 정책도 바뀌었다. 스스로 떠나는 일도 있지만, 수시로 업무를 평가해 정기적으로 교체했다. 특정 근로자에게 믿음을 주거나 의지하는 일도 없어졌다. 그럼 이게 누구를 위한 파업이었을까? 겪기 싫고 겪을 필요도 없는 일이다.

우리 공장으로 와

생산이 일단락되자 검수 일정이 잡혔다. 출하를 앞두고 생산과 테스트를 완료한 물량을 최종적으로 고객이 확인하는 것이다. 확정된 검수일까지 분주한 나날이 이어졌다. 법인은 귀객들로 북적였다. 열과 횡을 맞춰 완성된 제품을 모두 세워놓고, 완성된 하드웨어에 사용자 소프트웨어를 설치해 만족스러울 때까지 테스트를 반복했다. 어떤 제품을 검수할지 알 수 없다. 지적 사항이 나오면 수정 과정을 거쳐 재차 검수를 받으며 만족스러울 때까지 새로운 요구 사항이나 수정 사항도 제품에 새롭게 반영하는 일이다.

고객들의 눈은 높다. 이미 승인된 디자인으로 개발되어 양산된 제품도 그들 눈에는 마치 처음 보는 물건 같다. 기능과 품질을 꼼꼼하게 점검하는 것은 당연하지만, 검수를 할수록 요구 사항이 더 많아진다. 기존의 협의 내용을 뒤집고 새로운 제품의 디자인도 요구한다. 고가의 장비를 매입하는 책임도 크겠지만, 다소 무리한 요구를 하는 경우 더 유리한 조건에서 많은 것을 얻어내기 위한 포석이다. 적어도 사소한 변경 사항은 모두 새롭게 반영한다. 그런 과정을 두어 차례 반복한다.

인도의 검수는 중국만큼 화려하진 못하다. 중국의 경우 제품에 대한 준비는 물론 특사를 대하듯 방문객을 깍듯하게 대하는데, 금장으로 이곳저곳 장식하고 통로에 빨간 카펫을 깐 뒤 다과와 선물을 준비한다. 한편 인도 역시 고객 마음에 들기 위해 화려한 준비를 하려는 정성과 의도는 나쁠 게 없지만, 확실하지 않을 경우 기본에 충실한 것이 바람직하다. 잘 해보려다가 자칫 역효과를 낸다.

가령 음식 문제를 들 수 있다. 식사자리는 오히려 조심스러워 사전에 의향을 잘 파악해야 한다. 식사를 대접하고 싶어도 상대에 따라 종목이 문제가 된다. 값진 음식이라도 상대가 거부할 가능성이 있는 식단보다는 차라리 인도 사람들에게 정평이 난 깔끔한 식당에서 탈리(인도식 백반) 정식을 대접하는 것이 무난할 것이다. 종교, 단식 기간, 육식, 채식 등 고려할 부분이 많은데, 그런 사정을 모르고 음식을 권하는 건 실례다.

체면의 문제도 있을 수 있다. 가벼운 선물이라도 너무 빤한 장소에서 건네는 행위도 삼가야 한다. 기본에 충실한 것은 검수하기 쾌적한 환경에 품질 좋은 다과와 고급 짜이(인도식 홍차)를 내놓는 것이다. 스태프들의 조언을 듣고 상대를 잘 알아야 한다. 그들을 상대하는 스태프들 역시 여러모로 무난한 사람들이 좋다. 외국인이니까 실수할 수 있지만 과유불급이다. 인도인 고객이 한국의 공장에 방문할 때도 마찬가지다. 시찰을 목적으로 초청한다면 인도인 고객들은 좋아한다. 다만 시찰과 더불어 한국의 명소와 문화를 소개하되 문화 체험이라며 우리의 술과 음식을 강권하는 일은 없어야겠다. 상대가 낯선 문화의 체험을 적극적으로 원하면 모를까 의중을 잘 파악하고 행동할 일이다.

출하

검수를 통과해 제품이 출하되기까지 상당한 시간이 걸린다. 지나간 일을 되새김질하기 싫은 사람들에겐 꽤 초조한 기다림의 시간이다. 공장 안은 어느새 생산된 제품들로 발 딛을 틈 없다. 일정이 늦어진다고 그렇게 고전했는데… 이젠 더 생산할 공간이 없다. 과정마다 계속되는 병목 현상 같다. 출하될 기미가 보이지 않는데, 다른 생산 일정이 진행되니 공간 활용에 잠시 곤란을 느낀다. 내부 구조를 소폭 조정한다.

기다리는 일은 지루하지 않고 불안하다. 한 공간에 모든 제품의 전원을 넣고 하루 종일 테스트를 하니 전기 공급에 부하가 걸렸다. 정전이 잦아 각 제품마다 UPS(무정전 전원공급장치)가 기본 부착되고, 구내 곳곳에 스태빌라이저(Stabilizer, 전력 안정 장치)를 두지만, 그럼에도 제품에 영향을 끼친다. 냉방장치나 온열기를 쓰면 상황은 더 심각하다. 곳곳에서 '빠바박, 피빅'하는 불길한 소리가 연신 들린다. 자가 발전기에 기름을 쏟아붓는 건 둘째 치고 테스트 자체가 순탄할 리 없다. 회로 기판 등 부품의 불량이 속출한다. 찌는 날씨에 제품에 문제가 생길까 노심초사 모든 에어컨을 끄기도 한다. 꼭 전기 문제만은 아니다. 다들 더위에 홀려 정신이 없는데, 어떻게 들어왔는지 눈앞으로 쥐나 도마뱀이 휘리릭 지나간다. 쥐는 제품 안으로 들어가 배설물을 남기거나 전선을 끊어놓기도 한다. 가만히 놔두어도 내부에 먼지가 쌓인다. 매일 제품을 열고 먼지와 배설물을 닦는 일로 하루를 여는데, 이런 부분도 제품 보완의 항목에 들어간다. 기나긴 테스트 기간과 까다로운 검수도 이해할 만하다. 인도에 사는 사람이나 설치될 제품 모두 이런 상황을 견뎌낸다.

하지만 쥐구멍이 있다면, 쥐구멍에 볕들 날도 있다. 할 일을 하나씩 해나가다 보니 결국 끝이 난다. 검수를 통과한 제품들은 하나하나 꼼꼼히 살펴보며 최종 점검한다. 테스트 과정에서 부품과 나사를 빼놓거나, 공구를 놔두는 경우도 있다. 점검이 끝나면 제품에 윤을 내고, 예민한 부분은 완충제로 보강한 뒤 제품 외부를 비닐로 감는다. 운송시 문제가 생길 수 있는 고가의 핵심 부품은 따로 분리해 포장하는 경우도 있다. 제품의 하중을 줄여 운송이 편하고 손상을 방지한다는 장점은 있지만, 현장에서 재조립해야 하는 단점이 있다. 이미 최적화된 제품을 분리해 현장에서 재조립한다는 건 위험 부담이 있다. 많은 인원이 현장에 투입되어야 하고, 야외 작업 환경은 만만치 않다.

제품을 고정한 목재 파레트(화물 운반대) 위에 최종 포장이 이루어진다. 외부 전체에 목재 포장을 둘러싸는 게 안전하다. 하지만 노이다에서 델리로 보내는 단거리 국내 운송에는 과하다. 알면서 또다시 도박을 걸어본다. 일정에 따라 트럭이 도착한다. 운송과 화물 적재에 관해 이런저런 실랑이가 벌어진다. 가는 건 자기 몫이지만, 싣는 건 자기 몫이 아니란 식이다. 해줄 건 해주고 받을 건 받으며 물러서지 않는다. 그리고⋯ 썰물이 빠져나가듯 마침내 출하가 시작된다.

물량이 많으니 며칠에 걸친 일정이다. 그 광경 또한 대단하다. 일면 비장하고 엄숙하게 느껴진다. '부디 살아남아라.' 설치의 과정은 더욱 엄청나다. 몇 개의 줄로 휘감아 대롱대롱 돌며 올라가는 코끼리를 보는 듯하다. 순수 물리다. 물리란 물질의 물리적 성질과 그것이 나타내는 모든 현상이라고 한다. 뿌린 대로 거둔다. 그런데 생산의 과정을 겪고 난 소회는 조금 다르다. 들어가고 나온 것의 총량이 같아야 하지만, 인도에서는 결코 그렇다고 동의할 수 없다.

나도 모르게 자꾸 세어보지만 출고된 숫자는 정확하다. 그런데 무언가 덜 나온 것 같아 화물이 떠난 빈 공간을 바라본다. 남은 건 없다. 성공이다. 질량은 불변이다. 그런데 이상하다. 세상의 무언가는 단순히 숫자를 세고 계량할 수 없는 법이라 자꾸만 눈시울이 붉어진다. 마지막 출하가 끝나자 법인의 직원들은 서로 악수를 나누고 어깨를 두드리며 축하한다. 젖은 눈을 직원들이 볼까봐 서둘러 방으로 피한다. 그 모습을 청소부에게 들킨 것도 같다.

현장의 사투

출하만 하면 상황 종료라고 생각했는데 납품 이후는 전쟁이다. 수십 개의 지정된 장소에 순차적인 설치 작업이 진행되고, 그 일정에 따라 인력을 파견한다. 설치 지도가 명목이지만 사실상 설치 업무다. 설치와 유지보수를 맡은 업체는 따로 있지만, 역할을 소화해내기엔 이르다. 인력과 기술은 모자라고 경험은 부족한데 현장의 변수가 많다. 설치 교육이란 것이 있지만 교육과 실전도 다르다. 그렇다고 책임 소재나 비용을 이야기하는 건 무의미하다. 인도의 미래에 동참하려는 입장에서 '그럼 누가 해야 하는데?'라는 질문쯤은 흔쾌히 답해야 하기 때문이다. 설치는 법인의 운영과도 연관된 문제다. 인도에선 수금이 만만치 않다. 설치 후 검수를 하면 지불해준다는 조건이 있으니 현장의 상황이 지연될수록 수금은 늦어진다. 법인 운영을 위해서는 적극적인 동참이 살 길이다. 일의 영역과 분업이 확실한 인도라면서 그 경계를 넘어 동분서주한다.

설치 이후 시범 운영이 시작된다. 제품이 안정되고 유지보수 업체가 숙달되기까지 현장에 매진한다. 제품에 문제가 있다면 출하 전에 발견하는 것이 차라리 다행일 것이다. 그만큼 인도의 현장 업무는 쉽지 않다.

일단 인도의 날씨가 발목을 잡는다. 여름은 숨을 쉬는 자체가 일이고, 우기는 출퇴근이 일이다. 한여름은 지면 위로 솥뚜껑처럼 팔팔 아지랑이가 끓어오른다. 낮엔 숨고 오후 즈음 슬슬 현장으로 나서는 요령을 부리지만 진행이 너무 느리다. 직접 나가지 않는 사람들이 속도를 내라고 채근하므로 어떡해서든 일을 진행시킨다. 순수 물리가 무엇인지 몸소 보여주던 인도 사람들도 한계를 보인다.

한편 우기는 별 도리 없다. 길은 전날의 폭우에 잠겨 첨벙댄다. 모기와 병균이 창궐하는 시기다. 이 시기엔 일이 제대로 진행되지 않는다. 납품 및 현장 설치 일정도 우기는 피한다. 일이 아닌 날씨와의 사투가 된다.

이미 흩어진 제품을 쫓아다니니 여러모로 공이 많이 든다. 현장 업무가 길어지면 자연히 비용 문제도 대두된다. 그러나 이미 벌어진 뒤 비용 문제를 언급해봐야 고려될 가능성은 드물다. 일정 기간 안정화가 필요한 제품이라도 '완벽한 제품을 만들었다면 그럴 일도 없었다'는 말을 듣기 쉽다. 인도의 환경이나 제품 관리의 문제로 양해를 받기는 어렵거니와 일절 거론되지 않는데, 그러한 문제를 감안하지 않았다면 선택받기도 어려웠다. 그럼에도 풀어야 할 숙제는 많다.

이미 계약된 현지 유지보수 업체가 있다. 하지만 기술과 경험이 부족하니 단순한 조작 미숙이나 복구 사항도 쉽게 불량 처리를 하고 가동을 중지한다. 불량 접수 건수가 많아지니 현황 보고서를 받은 고객은 일방적이지만 제조사에 화살을 돌린다. 막상 회수하여 테스트하면 이상이 없는 경우도 많다. 이런 문제는 자칫 자국 기업에 우호적인 분위기로 흐르고 책임을 전가할 수 있으므로 증거 자료를 확보해둔다. 제품의 회수와 테스트 결과, 출동 횟수와 조치 및 대응에 관한 데이터를 기록하고, 공식적인 교육을 제공했으면 그 과정 또한 자료로 남겨둔다.

이럴 바엔 차라리 공식적인 유지보수 업무를 맡고 싶지만, 현지 업체를 대신하기란 쉽지 않다. 그들은 돈을 받고 일은 우리가 하지만, 애초 우리 몫의 일이 아닌 것이다. 고객의 요청을 외면하긴 어렵지만 배보다 배꼽이 큰 무료 봉사를 지속하긴 어렵다. 계약시 보증 기간 외 추가적인 교육과 현장 지원에 관한 기간별 유무상의 범위는 구체적으로 명시해야 한다.

추풍낙엽

제품의 품질은 더욱 강조된다. 품질의 핵심은 기본기다. 환경 대응은 가장 기본적인 것이지만 녹록치만은 않다. 운영 실태를 눈으로 확인하며 비로소 실감한다. 50℃를 넘나드는 기온, 극도의 건조함 속에 침투하는 먼지와 모래, 순식간에 차오르는 우기의 빗물과 습기, 동물의 배설물, 전기 문제, 현장의 부실한 관리… 그밖에 거친 사용 환경을 들자면 이루 말할 수 없이 다양하다. 난이도가 높은 곳이다.

한 번 바깥에 나가 본 제품을 열어보면 아비규환이다. 먼지가 눌러 붙고, 동물의 배설물과 전선을 파먹은 흔적이 곳곳에 보이며 이곳저곳 터지고 녹슬어 있다. 관리를 잘못해 쇠붙이를 물걸레로 닦아놓기도 한다. 보안이나 도난 사고도 요주의다. 육교의 쇠붙이도 훔쳐간다. 자동화된 기기를 설치해 놓고도 일일이 경비를 서는 이유이기도 하다. 현지에 특화된 기능도 중요하지만 그보다는 일단 시장 환경에 맞추어 기본 품질에 충실하는 것이 좀 더 현지화의 의미에 부합해 보인다. 일단 기본부터. 좀처럼 실패를 겪지 않는 검증된 기업의 제품도 곤란을 겪는다.

한편 인도의 고객들 앞에서 그들의 환경을 탓하는 것만큼 이상한 일도 없다. 인도 고객의 기준도 높은 편이다. 튼튼한 기본기에 만족스러운 기능과 성능을 갖추고 최고의 가격 경쟁력까지 원하니 완벽함을 지향해야 한다. 매우 고가의 제품이라면 실현 가능할지 모르지만, 그건 만족시키기가 어렵고 환경도 녹록치 않으니 수차례 시행착오가 발생한다. 몇 차례 고객의 호출을 받고 불려가 두 손을 공손히 모으고 정중하게 머리를 숙였다. 그런 뒤에야 깨달은 건 결국 기본이 중요하단 점이다. 값싸면서 완벽한 제품이란 없다.

품질 이슈는 우리만의 외로운 문제가 아니었다. 세계 최고의 브랜드도 같은 경험을 한다. 독보적인 기술력을 보유한 핵심 부품의 제조기업으로 이번에 납품된 제품엔 그들의 부품도 일부 채택되었다. 인지는 못할지언정 생활

속에 우리가 흔히 보는 제품이었다. 품질에 관한 한 어디에서도 굴욕을 겪은 적 없던 제품인데, 그들도 호된 신고식을 치른다. 시범 운영이 시작된 지 불과 수개월 만에 고장이 발생한 것이다. 노련한 해결사를 보냈지만 쩔쩔맨다. 이럴 리 없다는 표정으로 연신 고개를 갸웃거리고, 분석이 필요하다는 알맹이 없는 답변을 내놓는다. 가을이 없는 곳인데, 그들의 제품은 추풍낙엽처럼 떨어져 나간다. 심증은 이물질 등 환경적 요인이지만 현장 상황은 대중없다. 어떤 제품은 살고 어떤 제품은 죽는다. 사용상의 주의나 권고 사항 밖의 환경이므로 궁극적인 해결책을 찾을 때까지 다른 방도가 없다. 절벽 아래로 던진 뒤 생존을 기원하듯 문제가 생긴 제품을 교환하고 교체한다. 재밌는 점은 시간이 흐를수록 불량률이 안정세에 접어든다. 쇠붙이는 기계일 뿐인데 생명체처럼 환경에 적응한다.

어디선가 머물고 있을 錢에게

현장의 고비도 넘어간다. 결국 이 모든 과정의 목적은 수익이다. 마지막으로 수금은 중요한 이슈로 떠오른다. 생산을 위한 구매 비용으로 자본금을 대부분 소진했다. 운영은 빠듯하고 법인의 식솔들도 챙겨야 한다. 깨진 독에 물 붓듯 현장 지원이 이뤄졌다. 시간이 갈수록 자금 사정은 타이트할 수밖에 없다. 반면 수금은 난항을 겪는다. 던진 부메랑이 잘 되돌아오지 않는다.

국산화 부품을 공급한 인도 업체들과의 미수금 정산도 신경을 써야 한다. 납품 일정을 지키지 않았으면서 받아야 할 대금의 지급은 하루가 멀다고 압박한다. 최악의 상황은 정산을 빌미로 추가 납품을 지연하는 것이다.

고객의 사정은 또 다르다. 얻을 것은 다 얻고 되도록 한참 뒤에야 대금을 지급한다. 조심스럽게 지급 시기를 문의하면 아직 현장에서 안정화되지 않은 제품을 무엇을 믿고 결제해주냐고 한다. 이런 말을 해주고 싶지만 입 밖으로 꺼낼 수 없다. "그럼 우린 무엇을 믿고 법인을 세우고 생산을 해 현장을 지원했습니까?" 투자에 대한 회수는 늦어진다. 부품 공급업체와의 정산도 더 이상 미룰 수 없다. 대출이다.

한동안 돈 문제로 애태운다. 사정을 설명하고 지불을 요청하면 어려운 일이다, 기다려 달라며 가능한 지불을 연기한다. 사실 조금이라도 계좌에 놔두고 이자를 불릴 일이니 집행할 자금이 있어도 쉽게 지불할 리는 없다. 분명 내가 받을 돈은 지금 어디쯤 있을 텐데… 고생을 한다. 언뜻 처음 인도에 왔을 때 누군가 건넨 덕담이 떠올랐다. "자본금은 넉넉히 받아오셨어요?"

동족
상잔

:

유배 마지막 해, 판두족은 정체를 숨기기 위해 노력하고 어느덧 열한 달이 지나간다. 그러나 마지막 한 달, 왕비의 시녀로 숨은 드라우파티가 시험에 든다. 우연히 그녀를 목격하게 된 한 장군이 그녀의 아름다움에 이성을 잃고 집착에 빠진다. 욕정에 사로잡힌 그는 왕국 내 최고 실력자로 드라우파티의 완강한 거부에도 불구하고 노골적으로 그녀를 유혹하려 든다.

그녀는 다시 한 번 모욕을 당한다. 왕비의 심부름으로 어쩔 수 없이 장군의 거처로 가게 된 드라우파티는 장군으로부터 가까스로 몸을 지키고, 위대한 남편들도 자신을 지켜주지 못한다며 서러움에 복받쳐 참았던 눈물을 쏟는다.

둘째 비마가 분노에 폭발한다. 그는 드라우파티로 하여금 장군을 유인토록 해 처단한다. 남의 아내를 탐한 자의 무참한 최후다. 그러나 이 사건의 화살은 다시 드라우파티에게로 향한다. 장군의 병사들은 장군을 유인한 그녀를 고발하고, 체포되어 산 채로 화장될 위기에 처한 것이다.

다시 한 번 비마가 나선다. 위기에 처한 아내를 구하고 그녀를 모함한 수백의 병사를 처단한다. 장군과 병사의 죽음에 관한 소문은 삽시간에 퍼진다. 아직 유배가 끝나기까지 보름을 앞둔 시기였다. 숨겨왔던 판두족의 신분은 마지막에 노출되고 만다.

카우라바족은 장군의 죽음에 관한 소문을 듣고 의심을 품게 된다. 판두족을 다시 몰아내려는 카우라바족은 중신들의 충언을 무시하고 군대를 보낸다. 아르주나가 그들과 마주한다. 그 앞을 막아선 것은 쿠루족 군대, 그의 동무와 존경하는 스승이다.

답은 정해져 있다

법인은 첫 돌을 맞이한다. 지나온 길을 되새기며 서로 공로를 치하한다. 하지만 일 년, 허니문도 끝났다. 모두들 익숙해졌다. 만성적인 느림과 기다림도 흔하고, 최초의 경계와 불안감에서 벗어나니 자신감도 커졌다. 자신감이 생긴 것이 실수라면 실수다. 현장의 일에 대해 상세히 설명하는데 어느덧 상대는 귀 기울여 듣지 않는다. "다 비슷한 거지요 뭐. 우리도 옛날에 그랬죠. 인도라고 특별할 게 있을까요? 인도라도 그건 안 돼지요! 모르겠습니다, 그건 알아서 해결하시고요!" 머무를수록 더 알고 싶어야 하는데, 더 이상 알고 싶지 않은 듯했다.

인도에서 쉽게 가지지 말아야 할 것이 바로 '단정'이다. 풍부한 경험과 식견을 갖춰도 그게 인도에 대한 지식일 수 없다. 자신을 인도에 맞추지 않고, 자꾸 인도를 자신에게 맞춘다. 결국 잘못된 판단을 내린다. 그런 판단은 현실과 괴리감을 보이는데, 현장에선 자주 회자되는 푸념이 있다. "결국 답정너(답은 정해져 있고 넌 대답만 하면 돼)죠." 답은 이미 정해져 있다는 얘기다. 섣부른 단정에 인내심이 없어진다. 이미 다 알고 있으니 들어볼 필요도 없다. 종국엔 너무 기본적인 실수를 저지른다. 인도는 의문을 그치지 않아야 할 곳인데…

"괜찮겠지 설마…" 그리고 그 설마가 사람을 잡았다. 원칙에 따르는 것이 좋은데 자꾸 편법을 따른 결과다. 먼저 세관에서 고지서가 날아왔다. 관세를 잘못 지불했으니 이만큼을 추가 추징하고 또 그에 대한 이자와 벌금을 이만큼 더 추징한다는 내용이었다. 임의적인 HS 코드(관세 코드)의 징벌이다. 다른 곳에선 관행이라며 안이하게 생각했다.

뒤이어 회계 감사를 진행한다. 세무사는 의심의 눈초리를 보낸다. 기분이 썩 좋은 일은 아니다. 잘못한 것 없이 제발 저린다. 본사와 법인 간 내부 거래는 당국이 눈에 불을 켜고 지켜보는 부분이다. 가격을 임의로 조정하거나, 소프트웨어 개발 및 서비스 등 모호한 비용 집행도 주목의 대상이다. 인도의 행정은 허술하지 않다. 무척 논리적이고 정확하다. 진출 초기는 아니고, 데이터가 누적되면 점차 문제를 발견하고 제기한다. 가중치의 벌금을 부과한다. 그냥 지나치는 법 없고, 이미 지나간 일도 문제가 된다. 부과된 벌금은 선 납부 후 이의 제기다. 소송을 걸어 억울함이 받아들여져도 매우 소모적이고 지난한 과정을 겪는다. 문제는 지키기 어려운 환경과 끊임없는 편법의 유혹이다.

맘대로 만든 공식

인도에 진출한 기업은 복잡한 인도의 세제에 대해 혼란을 겪는다. 하지만 사실 인도인들은 매우 합리적이라고 여기는 부분이다. 다만 계산법이 익숙하지 못하고, 생각의 흐름과 달라 직접 마주해서 궁리하면 선뜻 이해가 가지 않는다. 누진세에 지역별로 다른 소비세와 판매세, 그리고 특별세까지 그때그때 다른 세금 공식에 골머리를 앓는다. 같은 거래가 아니면 내용은 반복되지 않는다. 그러므로 시뮬레이션을 해보려고 몇 날 며칠을 들여다보지만, 막상 현실에 대입해보면 차이가 난다.

제조업의 세금 적용은 구매한 각각의 부품 단위까지 세분화된다. 그러면서 완제품이 되어 판매되는 과정까지 세금이 매겨지고 환급되는 계산이 이루어진다. 기본적으로 누진세이고, 부품의 종류가 많을수록 계산도 복잡하다. 통으로 묶어 계산이 단순하면 좀 좋으련만 그런 방식이 아니다. 세무사들도 의문점이 생기자 품목 목록을 요청해 하나하나를 매우 까다롭게 실사한다.

세금의 납부도 기본적으로 세금을 내면 환급할 금액이 있어도 그때그때 환급하는 것이 아니라 차후의 세금 납부시에 가감하게 되는 것이다. 처음에는 이런 인도의 세제를 마스터하려는 사람도 있다. 나도 최대한 노력해보았다. 하지만 시간이 갈수록 전문가의 손에 맡기는 것이 현명하다는 것을 깨닫게 된다. 경험이 많아질수록 어느 정도 감은 잡힌다. 하지만 정해진 틀 안이고 남이나 다른 기업까지 충고할 수준은 못된다.

물론 인도로 진출하는 기업은 미리 예측할 수 있어야 한다. 그러므로 나름의 이해를 근거로 계산기를 두드려 보는 것이다. 하지만 오차를 줄이기 위해서는 한 번 더 자문을 구하고 검증해야 한다. 대강의 예상만으로 일을 진행한 뒤 실제 상황이 달라 곤혹을 치르는 경우도 많다. 담당자가 임의의 계산 방식으로 관세를 적용하고, 품목과 지역별로 다른 세금을 계산하며 면세 가능 여부를 판단할 때 수익의 결과물은 너무 달라진다. 실제 진행시에 정확한 견적이 그려지고 뒤늦게 실수를 깨닫는다.

자문을 구할 경우도 정확한 예측을 위해 감안해야 할 정보는 많다. 시뮬레이션 단계에선 그런 정보가 미비하니 아주 정확할 순 없다. 운송비 등 기타 비용의 예상도 천양지차다. 이를 이해력의 문제로 생각할 일은 아니다. 그런 부담감에 엑셀 시트 위로 맘대로 시뮬레이션 공식을 만든 결과는 예상 밖이다. 유효한 방법은 시뮬레이션과 자문 모두 최대한 보수적인 수치를 감안해야 한다는 것이다. 그 다음은 실제 경험해봐야 안다.

세무사 다시 만나기

세금 문제에 대한 상담을 포함해 세무사와 할 일이 많다. 인도와 한국의 회계연도에 차이가 있다. 기본적인 회계 업무 외에 인도는 차년도 1분기에 회계 감사가 이루어지니 서로 다른 결산 데이터의 동기화 작업도 필요하다. 각각의 일정과 요구 사항에 맞춰 일을 진행하다 보면 사실상 일 년 내내 같이 부대낀다. 꼭 학창시절 수학을 멀리한 벌을 받는 기분이다. 복잡한 계산은 아니다. 갓 걸음마를 뗀 법인의 자금 흐름이 그리 복잡하지 않다. 재무제표상의 들고 남은 단순하다. 다만 세무사와 궁합이 맞지 않았다. 자기 딴에는 신생 법인은 초기부터 기틀을 잘 잡아야 한다면서 사사건건 간섭을 하고 의심의 눈길을 보낸다.

그런 식으로 계약 첫 해를 보내자 갈등이 쌓일 대로 쌓였다. 원칙과 의무에 따른 세무사의 업무는 존중하지만, 쉽지 않은 일을 더 어렵게 만들었다. 좀더 우리 편에서 바라볼 사람이 필요했다. 돈 문제도 없지 않았다. 법인을 위한 잔소리로 포장했지만, 면담을 해보니 원하는 것은 더 좋은 조건의 재계약이다. 규모는 작지만 생각보다 외국 법인은 일이 많았고, 계약 내용을 재협상하여 비용을 올리고 싶었던 것이다.

재협상을 거부하니 연락도 묵묵부답, 일이 제때 이뤄지지 않는다. 법인 외에 본사의 요구 사항도 있고, 계약에 없는 사소한 문의도 필요하다. 인도의 세무사는 지위가 높은 편인데, 담당 직원에게도 다소 고압적인 자세를 취했다. 재계약을 해줄 생각이 더욱 없어졌다. 결국 세무사 교체를 결정한다. 한국 기업과 일한 경험이 있는 세무사와 만나야 한다. 일찍이 세무사 선정은 공을 들였던 부분이고, 여러 곳을 신중하게 물색했는데 결국 시행착오를 겪는다.

세무사는 내 편이 되지 못할 수 있다. 인도의 세무사는 관청을 드나드는 대리인을 따로 둔다. 그런데 그 대리인은 기업이나 세무사가 직접 고용해 움직이는 사람이 아니라 관청과 여러 세무사 사이에서 연결 고리 역할을 하며 공무원과 사통하는 경우도 있다. 이들은 신고 업무를 도맡는 한편 세세한 요청 사항에도 응하는데, 수업료 또한 그들을 통해 조정된다. 확인된 바 없어도 대리인 자신도 수수료를 챙긴다고 가정할 수 있다. 관행이다.

한편 기업에 관한 정보를 이들이 쥐고 문제가 될 만한 소지가 있는 내용을 유출할 가능성도 있다. 세무사를 교체할 경우 전임 세무사가 시간을 끌며 관련 서류를 반환하지 않는 경우도 있다. 다른 일이 없도록 서류는 회수하고, 좋은 이별을 할 필요가 있다. 계약 해지에 앞서 화가 나도 웃는 얼굴을 마주한 뒤 선의의 악수를 나눴다. 결국 신뢰의 문제다.

3

전차를 모는 크리슈나와 아르주나

생활

생활의
진실

:

　인도는 로맨틱했다. 특히 여행은… 낭만의 불이 활활 타오르는 모닥불 같았다. 가는 곳마다 심장이 요동쳤다. 그러나 삶은 낭만만으로 부족했다. 현실을 바라봐야 했다. 〈인도 방랑〉의 작가 후지와라 신야는 인도 여행을 통해 걸을 때마다 자신이 배워온 세계의 허위가 보였다고 썼는데, 삶의 터전이 된 인도에서 나는 그가 말한 허위조차 허위로 보였다. 낭만은 좋다. 그러나 거기에 그치면 더 많은 인도를 직면하기 어렵다.

　한때 인도는 내게 구루와 히피들만 가득한 곳이었다. 현재와 과거, 생(生)과 사(死)가 공존하고 영혼과 정신이 깃든 곳이었다. 그건 여전히 틀리지 않다. 하지만 인도는 거기에 그치지 않는다. 사람 사는 세상이기에 영혼과 정신만큼 물질적 가치가 중요하다. 부유함과 가난함은 극명한 이질감 속에 공존하고, 가난해도 행복하다고 감히 말할 수 없다. 운명적 불행은 받아들이는 것이 아니라 고통스럽게 신음하며 극복해야 할 것이다.

　내가 알아온 인도는 부족했다. 내가 믿어온 것이 모두 허위였다고 말하는 건 아니다. 단지 좀더 많이 보지 못했고 깊이 알지 못했던 걸 깨닫게 된다. 이 또한 허위일지 몰라도 인도에서 살아가는 건 여행과 달랐다.

잠시 살아가는 이야기를 한다. 주어진 일을 하는 것만큼 인도에서 버티고 생존하는 건 중요하다. 인도는 오래 꿔야 하는 꿈이다. 판두와 쿠루족의 전쟁도 지키고 되찾기 위한 싸움이다. 버티지 못하면 주역이 될 수 없을 것이다.

인도 아파트

나는 혼자 살았다. 숙소는 일보다 우선순위가 조금 밀렸다. 적절한 곳을 임대해 짐을 넣을 때까지 두어 달 가량 걸린다. 그 사이 주변의 민박에서 지냈다. 임대 과정은 수월하다. 사실 수월하기보다는 마음이 급해 이것저것 까다롭게 굴지 못했다. 후보지로 몇몇 아파트만 추려 방문한다. 컨설팅 업체는 물론 그런 일을 맡는 현지 중개인이 많다. 마음에 들어 집주인을 만나면 대개 그들의 집을 방문한다. 짜이 한 잔 하면서 담판을 짓는데, 만나보면 대개 같은 단지 주민이다. 자기 소유의 가옥 몇 채를 굴리는 '꾼'도 있고, 이사 간 동네 친구를 대신해 브로커를 자청한 동네 아주머니도 있다.

아파트 생활은 또다른 인도다. 교외에 조성된 아파트 단지는 황량한 먼지 바다 위에 솟은 섬 같다. 구내엔 슈퍼마켓, 세탁소, 커피숍, 은행 ATM, 음식점 등 기본 시설이 있다. 운전을 해야 갈 수 있는 거리지만 근방엔 대형 몰과 주류 판매점(Wine & Beer Shop)도 있고, 필요하면 패스트푸드나 인도 음식점의 포장 음식을 배달 받을 수 있다. 지레 겁부터 먹고 있었는데 그 정도면 가거지지(可居之地)다. 선택의 폭은 좁아도 있을 건 다 있다. 근심했던 얼굴도 밝아진다.

주민들의 파티.

선택한 곳은 새로운 발령지로 떠난 공무원의 집이다. 바로 입주할 만한 곳을 찾은 것이다. 크기가 좀 부담된다. 요즘 대도시의 도심 지역이라면 인도라도 원룸이나 오피스텔의 개념이 생길 만하던데, 넓은 인도의 도시 외곽이라면 그런 효율성은 따질 이유가 전혀 없다. 사는 사람은 한 명인데, 방 세 개에 화장실이 두 개나 딸린 집이 제일 작다. 결코 채울 수 없는 공간이다. 넓은 건 좋지만, 관리는 더 어렵다. 하지만 다른 대안을 찾진 못한다. 단신 부임일 경우 민박에 장기 투숙하는 것도 편한 방법일 것이다(대개 그렇다). 하지만 중심 지역이 아니면 집을 빌리는 것보다 더 저렴할 수 없었고 프라이버시의 문제도 있다. 신중하게 따지지 못하고 서두른 감은 있지만 인도에서 인도의 법을 따르듯 혼자 살기로 결정한다. 서둘러 안정을 찾고 싶다. 자신감도 있고, 설레는 일이 아닐 수 없다.

인도의 아파트 단지.

입주를 하니 마치 긴 여정을 마치고 귀가한 듯하다. 새로운 보금자리에서의 첫날 밤, 홀로 자리에 눕자 지난 추억이 머리를 스쳐 지나간다. 쿠르타에 허름한 청바지를 입고 배낭을 멘 채 슬리퍼 차림으로 이곳저곳 싸구려 숙소를 기웃거렸던 여행, 우기에 수트를 입고 다녔던 첫 출장… 그러다가 문득 정신을 차리고 보니 인도 아파트 단지의 주민이 되어있다. 인도는 늘 새롭다.

아파트 생활은 여유가 넘친다. 생존에 필요한 모든 시설을 갖추고 있다. 야외 수영장, 테니스장, 탁구장, 농구장, 헬스클럽 등 운동 시설은 물론 연회장도 갖춰져 있다. 저녁 무렵 파티를 여는 주민들을 보니 리조트 느낌이 물씬 풍긴다. 누군가는 감탄을 금치 못한다. "우와 한국보다 살 만하네요!" 하고 싶은 말을 꾹 참는다. 어쩐지 억울한 심정이 되어 자꾸 변명하고 싶다.

'살아보세요.' 인도는 만만찮은 곳이라는 '인도 부심(腐心)' 같은 것도 있는데 눈에 보이는 건 다르다. 어쨌든 눈에 빤히 보이는 걸 부인할 순 없다. 이곳은 살 만한 인도다.

반면 이곳은 빈부 격차를 암시한다. 보편적인 환경이라고 보긴 어렵다. 그 차이는 불과 몇 십 미터로 구분된다. 단지에서 바로 길 건너는 별세계가 펼쳐진다. 관찰해보니 아파트 주민들의 소득 수준은 상당하다. 세를 들어 사는 평범한 직장인도 있지만, 상당한 재력을 갖춘 부류다. 한국의 중산층 또는 그 이상이다. 물론 인도에는 이보다 훨씬 화려한 삶도 존재한다.

그럼에도 이곳 주민들만으로도 바깥 세상과 상당한 편차를 보인다. 인구의 대다수는 가난하다. 그들을 보면 이곳 사람들을 인도의 평균이라고 논할 수 없다. 가난하거나 부유하거나 평균의 의미가 없다. 그럼에도 어딜 가나 사람이 많다. 전체를 보면 소수지만 그들만으로 하나의 계층을 이룬다. 길 바로 건너편에 빈민촌이 있다. 평범한 아파트일 뿐인데 대다수는 평생 꿈도 못 꿀 곳이니 지상의 낙원처럼 보인다. 실존하는 현실의 극단이니 그 격차가 도드라져 더욱 노골적이다. 현재의 인도를 신랄하게 반영한다.

내겐 처음 경험하는 인도 사람들이다. 그 계층에 속하니 생각이 복잡해진다. 이제껏 경험하지 못한 것이니 흥미로운 반면, 알던 인도와의 괴리감에 씁쓸한 면도 있다. 그간 인도에 관해 굳혀져 온 시각은 가난이었다. 그와 다른 모습은 나의 인도觀도 흐트러뜨린다. 어쩌면 더 잘 사는 나라에서 왔다는 오만한 우월감도 가졌던 모양이라 새삼 부끄러워진다. 겸손하지 못했다. (마침 중국에서도 산산이 부서진 오만이다) 한편으론 설렌다. 퇴근하면 매일 밤 집에서 수영할 생각하니 여태껏 누리기 어려운 로망을 채울 듯하다. 그 수영물의 성격을 파악하게 되기까지 한동안 야밤의 수영을 즐긴다.

한여름엔 좀처럼 주민 얼굴을 보기 어렵다. 대부분 집과 그늘 속에 숨고,

뜨겁게 달아오른 차들만 적나라한 빛을 반사하며 눈앞을 지나간다. 이런 날씨엔 신분과 지위도 더욱 노골적으로 드러난다. 통성명도 전에 살갗이 희냐, 그을렸냐만으로 그가 누군지 짐작할 수 있다. 밖을 다니는 사람은 대개 하인들이다. 이웃들과 마주하는 곳은 엘리베이터 안이다. 애써 외면하는 사람이 있는 반면, 얼굴이 마주치면 인사를 나누고 농담을 건네는 이웃도 적지 않다.

보수적이라 여성들은 말을 아끼지만 막상 대화를 나누면 그들도 무척 나이스하다. 이들에게선 어쩐지 인도보단 영국 냄새가 난다. 매너도 있고 점잖고 친절한 행동이 몸에 밴 사람들이다. 한편 아이들은 순진무구하고 솔직하다. 외국인은 호기심 어린 눈길로 빤히 바라본다. 그러면 부모는 아이를 향해 주의를 주며 멋쩍은 미소를 짓는다. 어찌 보면 어딜 가나 마주할 만한 평범한 아파트 풍경이다. 인도니까 흥미롭다. 흔히 상상할 인도는 아니다.

축제가 되니 인도다운 모습이 펼쳐진다. 색의 축제 홀리(Holi)는 단지 안의 사람들도 남녀노소 할 것 없이 이곳저곳에 몰려다니며 서로에게 물감을 뿌려댄다. 잘못을 용서할 줄 알아야 하는 이 축제에는 누군가 물감을 뿌리면, 함께 웃으며 되갚아 주는 수밖에 없다. 이만하면 평소 불만이 있는 사람들에게 물감을 뿌릴 복수의 축제 아닐까.

한편 빛의 축제 디왈리(Diwali)는 밤새 폭죽이 울려댄다. 날이 밝아 밖으로 나서면, 간밤에 터뜨린 폭죽의 시체들이 온 세상에 즐비하다. 살다보면 외국인은 축제를 함께 즐길 때도 있는 반면 물감과 소음을 피해 몸을 숨길 때도 있다. 명절이니 직원들의 휴가와 인센티브는 챙겨주지만 나 자신은 그럴 마음의 형편이 안 될 때가 있다. 홀리 축제가 끝나면 길에는 얼굴과 손에 지워지지 않은 물감을 묻힌 채 출근하는 사람들의 모습이 보인다. 인도가 변하더라도 부디 이 해맑은 전통은 변함없이 이어지기를…

나를 저격한 건 결국 동네 아이들이다. 방심한 채 지나가는 길이다. 머리 위로 세찬 물줄기가 느껴지는데, "아차, 홀리!" 하고 올려다 보니 발코니에 숨어 나를 향해 열심히 물총을 쏘아대는 아이들이 있다. 눈에 물이 들어가 미간을 찡그리며 "요 녀석들" 하고 노려보자, 아이들은 후다닥 집안으로 숨어든다. 몇 동 몇 호인지 뻔하지만, 모두 용서해야 할 축제다.

그곳에 살며 물총만 맞고 다닌 건 아니다. 이웃들로부터 도움도 꽤 많이 받았다. 난감할 때 무조건 문을 두드려 궁금한 것을 물어봤다. 도움을 청하면 처음 보면서도 기꺼이 도움의 손길을 내밀었다. 사람을 구하면 필요한 사람을 소개해주고, 어려움이 있으면 (유경험자로서) 기묘한 해결 방법을 알려주었다. 그건 인도다운 매력이다. 인도 안의 별세계 같지만 훈훈한 이웃의 정은 남아 있다. 겉으로 미소 지을 뿐 냉정하게 거절하는 나와는 다르다.

이사온 지 얼마 지나지 않아 나는 한 가지 사실을 깨달았다. 담장 안에서 난 가장 가난했다. 물질보다는 마음의 가난이다(혹은 물질 또한 가난했을지도 모르겠다). 집은 아침 일찍 나가 밤에 귀가해 잠만 자는 공간이 되었다. 사람의 온기가 잘 느껴지지 않아 집은 휑뎅그렁했다. 일을 할 사람은 필요했다. 그렇다고 남들처럼 일손을 들이기는 어려웠다. 낮 동안 비는 집에 사람을 상주시키기엔 미덥지 못하다. 파트타임으로 청소를 도와주는 일꾼만 가끔 오갔다. 모른 척 사람을 써야 하는데 몸에 밴 불신 때문에 인색하다. 소소한 일들도 직접 챙겼다.

주말이면 시장을 보고 전기세를 냈다. 아파트나 거주 지역에 따라 그런 일들은 조금씩 방식의 차이가 있다. 내가 머무는 곳은 수도나 전기, 전화 요금을 선불로 충전하는 방식이다. 대개 이런 일은 주민이 직접 하는 경우가 드물다. 현금을 주거나 수표를 끊어주면 집사나 집안의 일꾼이 관리사무소로 찾아와 대신 일을 돌본다. 더운 낮, 건물 밖에 나와 있는 사람은 경비, 일꾼, 거주민이 고용한 집사나 운전기사뿐이다. 나도 그들 중 하나다. 그 외에는 보모와 동네 아이들이 가끔 땡볕을 뛰논다. 그들은 나를 힐끔거리며 본다. 고개를 갸웃거리는 모양새가 대개 일하는 사람들은 서로 아는데 나는 낯설어 견적이 나오지 않는단 표정이다. 충분히 그럴 만했다. 나는 일부러 더 뚱한 표정을 지어보이며 생각했다. '오작동이군…'

관리사무소에서도 비슷한 상황이 이어진다. 처음에 직원들은 나를 본체만체 홀대한다. 얌전히 기다렸더니 아무런 반응이 없다. 좀 얕잡아보는데 신분에 따라 사람을 가리는 경향이 있다. 그들 눈에 몽골 인종은 그럴 수 있다. 심부름을 온 줄 알았던 듯하다. 일일이 대응하기란 귀찮지만 도저히 안 되겠다 싶어 태도를 바꾼다. 큰 소리로 거드름을 피우며 수표를 내밀고 퉁명스럽게 필요한 것들을 요구한다. 그제야 그들은 관심을 기울인다. 본능일 뿐 그들도 딱히 나쁜 의도는 없었을 것이다. 그런 면에선 참으로 일관되고 표리가 같은 솔직한 사람들이다. 그런 경험은 외국인에게 그리 유쾌하지 않을 수 있지만, 좀 멋쩍어도 대우를 받으려면 스스로 자신의 위치를 바로잡을 필요가 있다. 그런 일에 점점 익숙해져 간다.

無중간 지대

두 곳의 간격이 벌어진 것을 알게 된 건 이곳 생활이 이 년째 접어들 무렵이다. 출퇴근을 제외하면 단지 밖으로 나갈 일이 없다. 굳이 혼잡한 곳으로 외출할 일도 드물어 거의 모든 건 단지 안에서 충당했다. 혹 필요한 게 있어도 직원에게 요청하거나 회사를 오가며 해결하면 그만이다. 아파트 단지는 높은 담으로 둘러싸여 바깥과 철저히 분리되었는데, 필수적인 생존 환경도 갖추었으니 장기 공성전을 벌일 수 있을 정도다. 하지만 집-회사-집, 그 틀을 깨지 못하면 인도에 있을 이유가 없다.

담장 밖은 다른 세상이다. 단지에서 한 걸음만 나가도 그렇다. 어느 날 14층의 집 발코니에 서서 밖을 내려다보았다. 그곳에선 담장 밖 세상이 훤히 보인다. 길 건너 동서남북으로 어수선한 바자르(재래시장), 흙먼지 가득한 공사판, 낡은 판자촌, 황량한 공터 등이 보였다. "리얼 인디아…" 나도 모르게 중얼거렸다. 그 말의 옳고 그름을 가리기 전에 본능적으로 담장 밖이 안보다 좀 더 인도답다고 느꼈다. 갑갑했던 것이다. 눈을 두리번거려 사람의 흔적을 쫓았다. 교외 지역에 무척 더운 날씨 탓에 얼핏 사람은 눈에 들어오지 않았다.

그러나 가만히 눈을 조아려 살펴보니 어둠에 눈이 적응하듯 골목과 골목, 건물과 건물 사이로 사람들이 보였다. 길거리 상인, 심부름을 나온 하인, 공사판의 인부, 그들의 가족, 흙먼지를 날리며 크리켓을 하는 소년, 부랑자들… 나는 첫 선을 보이듯 난간 가까이로 바짝 다가서 그들을 관찰했다. 그리고 어느 한 지점에서 눈길이 멈췄다. 이동식 물탱크 옆에 모여 물을 끼얹는 아이들이 있었다. 한동안 그 모습을 물끄러미 바라봤다. 짠하지만 아름다운 모습. 자연스럽게 의욕이 생겼다. "이제 나가야겠다."

주말에 담장 밖 이곳저곳을 탐험하기 시작했다. 낮은 어디든 돌아다닐 만하다. 다소 먼 바자르까지 걸어가 본다. 밖은 여전한 인도다. 여느 때처럼 좁은 도로엔 사람과 차 그리고 릭샤가 가득하고, 좁은 인도 위로 개와 소가 한자리씩 잡고 버틴다. 노는 소가 있으면 일소도 있어 우마차가 지나가고, 사거리는 목동이 모는 양떼들로 가득 차 옴짝달싹할 수 없다.

옷깃을 잡거나 차창을 두드려 동냥을 하는 아이들 사이로 장사에 쓸 얼음을 바닥에 끌고 지나가는 짐꾼들이 지나가고, 길거리 좌판에선 짜이, 코

코넛 또는 대나무를 짜낸 음료수 따위를 판다. 검은 기름에 튀겨 낸 다채로운 길거리 음식들도 즐비하다. 포장되지 않은 흙길로 들어가면 과일이나 야채를 파는 식료품점과 정육점, 주류 판매점이 보이고, 길을 따라 조금 더 가보니 플라스틱 가재도구나 옷, 신발, 페인트 따위를 파는 상점도 나온다. 있을 것 없을 것 다 있는 곳이지만 구경할 뿐 내가 살 만한 건 그리 많지 않다. 그 뒤편으로 주택가가 이어진다. 주택가에는 빨래한 옷가지들이 먼지 속에 널려 있고, 해진 옷차림의 동네 아이들은 해맑은 표정으로 뛰논다.

고민하다가 정육점으로 가 백숙으로 쓸 닭 한 마리를 잡는다. 주문을 받자 발가락 사이에 칼을 꽂은 업자가 닭을 한 마리 집어들어 목을 살짝 따고는 웅덩이에 던져 넣는다. 어두운 웅덩이 안에서 꼬르륵거리며 숨이 넘어가는 소리가 들리고, 발가락 사이에 칼을 세운 도살자와 손님은 잠시 어색한 침묵을 지킨다. 소리가 잦아들자 다시 닭을 꺼낸 업자는 능숙하게 고기를 손질해 비닐봉지에 담는다. 비닐봉지를 들고 돌아오는 사이 피가 뚝뚝 떨어지며 비린내가 진동한다. 돌아가는 발길을 서두른다. 고기가 상하기 쉬운 날씨다.

슬슬 해가 저문다. 돌아가는 길은 담장을 따라 평소와 다른 방향으로 가본다. 아파트 입구에 가까워질수록 마트, 빵집, 카페와 아이스크림 가게가 보인다. 심지어 소마저 생김새가 다르다. 담장 주변엔 영험하다는 인도 혹소(브라만종)가 자리를 지키고 서 있다. 가까운 나무 둔치엔 누군가 조그만 신상을 놓아두었다. 담장 둘레는 진짜 성이라도 되듯 해자(垓子) 모양의 하수구가 파여 있다. 이렇듯 극명하게 갈리니 중간이 없는 세상 같다.

서둘러 담장 안으로 들어간다. 밤은 너무 어둡다. 해가 지면 담장 밖으로 나설 엄두가 나지 않았다. 몇 차례 시도해보지만 빛이라곤 없어 소심해지고 가급적 담장 안을 맴돈다. 바다 한 가운데 섬 같은 것이다. 밤이 되면 섬의 윤곽은 명확해진다. 단지 안에 온갖 시설을 갖춘 것도 당연하다. 도심의 주택가라면 몰라도 노이다 한 귀퉁이의 아파트촌이라면 폐쇄적일 수밖에 없었다. 답답하더라도 안전해야 하기 때문이다. 아마도 누군가에겐 지상 낙원이고 누군가에겐 고독할 수도 있을 듯하다.

인도에서 평균의 의미는 없다. 담장 안과 담장 밖은 그만큼 달라 평균을 수렴해도 의미 없는 평균일 뿐이다. 그러나 중간이 없을 뿐이다. 같은 하늘 아래 담장 하나로 이처럼 극적 대비를 이룬 것이야말로 인도답다.

유쾌한 좌절 : 화내지 말고, 아프지 말고

원래 생활력이 뛰어난 편은 못된다. 그래도 인도라면 도움이 될 만한 이야기가 있을 듯하니, 나의 좌절을 벗 삼아 또 다른 실패는 예방할 수 있을지 모르겠다.

전기나 수도 등 생활환경은 중요하다. 인도의 전기 사정은 아직 어느 곳이나 그리 형편이 좋지 않다. 가전제품 외에 스태빌라이저와 UPS를 준비하고 양초나 손전등도 상비한다. 수도 사정은 가능한 자세히 알아봐야 한다. 흔히 지하수를 끌어다 쓴다. 델리 인근은 결국 야므나 강이 수원인데 수질이 좋지 않다. 정수기를 써도 먹는 물은 끓여야 하고, 외지인일 경우 식수는 생수를 구입하는 게 안전하다. 수인성 질환은 적응 실패의 흔한 레퍼토리다. 살다보면 안이해지지만, 가볍게 여길 부분이 아니다. 생수로 양치한다고 자칫 황제 양치라는 오명을 얻을지 모르겠으나, 경험한 대로 이야기하자면, 그건 매우 현명한 행동이다. 어느 정도 접촉은 불가피하지만 최대한 직접적인 섭취는 막는 게 바람직하다. 생활이 견디기 어려워 돌아가는 건 차라리 낫다. 몸이 상해서 돌아가는 사람들이 더 안타까운 법이다.

수돗물이 콸콸 나오지 않는 건 어쩔 수 없다. 손을 씻거나 샤워를 해도 개운치 않다. 오죽하면 귀국 후 소망이 쏟아지는 뜨거운 물로 마음껏 샤워하는 일이다. 인도는 온수를 순간온수기(기저)로 데워서 사용한다. 한정된 용량을 데우니 쓸 만하면 떨어진다. 그런 점을 해갈하기 위해 가끔 고급 호텔을 찾아간다. 물이 귀한 나라에서 물로 고생하는 이유는 물이 풍부한 곳에서 살았기 때문이다. 주어진 환경이 그렇다면 또 어느 정도 적응해낼 부분이다.

물에 관한 고충은 계속된다. 석회질이 많은 탓에 수도가 잘 녹슬고 막힌다. 설거지를 하고 식기를 말리면 바닥에 하얀 결정이 보이고, 세탁기를 자주 돌리면 옷이 빨리 닳는다. 며칠 동안 집을 비우면 수도꼭지가 여지없이 막혀 꼭지가 돌고 만다. 인부를 불러 뚫거나 부품을 교체해야 한다. 물론 인부는 불러도 곧바로 오지 않고, 와도 시간이 걸리며 이런저런 실랑이도 벌어지므로 하나하나 직접 처리하다 보면 사람이 예민해진다. 돌봐야 할 자잘한 일이 많다. 정전되며 이곳저곳 집 안의 콘센트가 타버리는 경우도 허다하고, 가전제품도 곧잘 고장난다. 케이블 TV나 인터넷은 아예 연결 안 하니만 못할 만큼 자주 문제를 일으킨다. 도시 가스가 공급되는 것이 아니면 때마다 가스 충전도 받아야 한다.

물이 너무 많아 문제가 될 때도 있다. 우기라 기록적인 폭우가 온 날이다. 밤새 천둥이 쳤는데(멸망하는 줄 알았다) 발코니의 하수구가 막혔다. 집안으로 물이 역류했다. 아침에 일어나 침대 아래로 발을 디뎠는데 금방 깨닫지 못한다. 도저히 말이 안 되는 이야기였기 때문이다. 무언가 첨벙첨벙한다. '제발 꿈이길…' 하지만 결코 꿈일 리 없다. 혼자 인증 사진을 찍고 열심히 물을 퍼내기 시작한다. 14층인데 홍수가 났으니 어쩔 것인가? 자꾸 웃음이 나온다.

어쩔 수 없는 순간에 '옴(Om)' 하며 깊은 숨을 내쉰다. 피할 수 없으면 즐기란 말은 어쩐지 화를 부채질하지만 불평하면 살 수 없다. 쓰레받기로 물을 퍼내고 신문지를 덮어 말린다. 깨끗한 물을 담아와 미싱을 한다. 제대 이후 미싱은 처음이지만 녹슬진 않았다. 이럴 때 배운 걸 써본다. 물은 빼내지만 아침부터 본사에서 전화를 하고 문자를 보낸다. (한국과 인도의 시차가 항상 그렇다) 나는 걸레질 중에 전화를 받는다. "일단 물 좀 퍼내고 전화 드리면 안 될까요?" 상대방이 영 알아듣지 못하는 눈치다.

먼지가 많아 청소는 자주 해야 한다. 먼지보다 말썽은 비둘기다. 비둘기가 너무 많다. 가만히 일주일 정도 놔두면 앞뒤 발코니 가득 실례를 한다. 물청소로 어렵사리 치워도 또다시 반복된다. 그래서 나는 청소만은 포기하고 사람을 불렀다. 예방법은 둥지를 틀 수 없도록 발코니를 아예 막는 것이다. 하지만 일단 발코니 어딘가에 둥지를 틀면 난감해진다. 생명을 중시하는 곳에서 악업을 쌓는 일 이전에 비둘기 가족이 터전을 잡았으니 쫓아내기 어렵다. 청소부도 얌전히 비둘기 배설물을 치워줄 뿐 감히 둥지를 건드리진 못한다. 차선책은 발코니의 천장 선풍기를 돌리는 방법이다. 날카로운 날이 계속 도니 함부로 올라타거나 바닥에 내려앉지 못한다. 완벽한 방법은 아니다. 그럼에도 간간이 내다보면 비둘기들은 맘껏 발코니를 배회한다. 배설량을 조금 줄여줄 뿐이다. 비둘기 부부는 꽤 용감해 문을 열고 다가가지 않는 이상 뻔뻔하게 눈을 마주친다. 어디론가 날아가 열심히 먹이를 물어다가 둥지의 새끼들을 키워내니 그런 가족을 내칠 수도 없다.

그보다 성가신 건 모기다. 눈이 매울 정도로 한국과 인도의 각종 모기향을 태우지만, 해는 어김없이 뜨고 지듯 잡고 또 잡아도 모기는 달려든다. 가장 왕성할 때는 일출과 일몰 무렵인데 모기도 덥고, 추운 건 아는 모양이다. 인도의 모기는 해롭고, 그 퇴치에 가능한 모든 방법을 동원해야 한다. 향을 계속 틀어놓으면 도리어 내가 취하니 보이는 족족 처단한다. 의외의 천군만마도 얻는다. 가끔 집안에서 도마뱀과 만나는데 놀라지 말자. 이들은 모기의 천적이니 반갑게 동거한다. 한편 모기뿐 아니라 정기적으로 수챗구멍에 뜨거운 물을 붓는 습관도 들여 바퀴벌레도 박멸한다.

한편 온돌 등 난방이 없으니 겨울은 의외로 춥다. 영하로 내려가진 않아 그 추위는 좀 다른 성격이다. 일교차에서 오는 상대적인 추위고, 차가운 대리석 바닥에 창틀로 스며든 우풍이므로 어쩐지 으슬으슬하다. 인도에는 영상의 날씨에도 얼어 죽는 사람들이 있다. 처음엔 무시했는데, 결국 전기장판을 공수하고, 전기 전열기도 마련한다. 인도의 전기 사정은 불안하므로 전열기는 주의해서 관리해야 한다.

여름은 에어컨이 없으면 견디기 어렵다. 쿨러 등 인도식으로 좀더 저렴한 방법을 동원할 수도 있지만, 어쨌든 모기도 쫓을 겸 냉방에 공을 들일 수밖에 없다. 다만 에어컨을 설치할 때는 인부를 잘 감시해야 한다. 실외기로 이어지는 구멍을 뚫는다며 정과 망치로 벽을 앙상하게 뚫어놓는다. 나중에 골칫거리가 될 일이다.

손상된 부분은 퇴거시에 모두 배상한다. 벽에 구멍을 뚫었다면 말할 것도 없고, 집주인은 사소한 전구 하나까지 따진다. 되도록 보증금을 돌려주지 않으려는 것인데, 실제로 가구나 가전, 시설물의 청소 관리가 부실했거나, 단순 방치하여 쓰지 않은 것들까지 관리가 부실했다며 한바탕 큰 실랑이를 벌인다. 피해가기 어려운 그들 나름의 방식인데, 대적을 하려면 임대할 때부터 모든 상태를 기록해두는 게 좋다.

필요한 사람은 써야 한다. 물론 사람을 쓰는 일도 쉽지 않다. 좋은 사람을 소개를 받아야 하지만 정작 소개할 사람도 좋은 사람을 구하기 어려우니 자신이 쓰기 바쁘다. 여러모로 인연이 닿아야 할 일이다. 사람을 구하지 못할 경우 함께 돕고 해결할 동료나 가족이 있어야 한다. 혼자 해내려면 어느 정도 생활에 적응한 이후다. 단신부임을 했다면 체류비가 들더라도 필요한 것이 제때 제공되는 민박에 머무르는 것이 수월할 것이다. 혼자 살아보겠다면 일단 짧은 시간을 경험해보는 것도 좋을 것이다. 이미 가구 등 시설이 갖춰진 아파트에서 생활하는 것이 편하다. 짐이 움직이면 보통 일이 아닌 까닭에 마음에 드는 한 곳에 정착하기까지 되도록 몸이 가벼운 것이 좋다.

이런 이야기를 하면 인도에 질릴 수도 있다. 흥미를 끌기보단 부정적으로 들릴 소지도 없지 않다. 그러나 어차피 인도에서 무언가 해야 한다면 현실을 직시해야 한다. 평생 아무나 겪을 수 없을 진귀한 경험을 쌓을 수 있는 곳이다. 충분한 준비를 해가면 적응해서 잘 살아갈 수 있다.

도시인

먹는 일은 항상 고민이다. 아침은 간단하다. 인도라고 딱히 다를 바 없다. 전날 남은 게 있다면 더 좋다. 아침보다는 비타민을 챙기고 간에 좋다는 리브.52(Liv.52)도 삼킨다. 혼자 지내니 음식은 쌓아두면 좀 부담된다. 쉽게 상하는 까닭이다. 인도의 과일과 채소는 어쩐지 생명이 더 짧게 느껴졌다. 버리는 게 일이 되어버린다.

낮에는 패스트푸드다. 이제 인도도 대도시와 인근 지역까지는 먹을 만한 배달 음식점이 들어와 있는데, 누구나 알 만한 피자, 햄버거, 샌드위치 등의 체인점이다. 식단은 현지화되어 있다. 채식과 육식으로 나뉘고 육식의 경우 예전엔 양고기도 썼지만 이젠 대부분 닭을 쓴다. 소고기와 돼지고기는 종교적 이유로 쓰지 않고, 양고기는 좀 비리다. 세계적인 체인점이지만 인도에 특화된 음식들이 눈에 띈다. 밥 메뉴도 있어 밥과 치킨에 커리를 버무린 치킨 비리야니는 나도 즐겨 먹는다. 이름도 재밌다. 가령 빅 맥은 마하라자(대왕) 버거다. 피자는 로띠(Roti)나 난(Naan) 등 화덕에 구운 빵을 좋아하는 인도인에게도 통한다. 가끔 야식으로 채식과 육식의 피자를 구분해 부르면 직원들도 취향에 따라 즐긴다. 잠시 한국에 들어가니 누군가 패스트푸드를 부른다. "거기선 이런 거 못 먹지?" 천만의 말씀. 지겹도록 먹는다.

인도식 체인점도 있다. 인도식 백반 정식인 탈리(Thali)도 포장 세트를 판매하는데, 문제는 배달이 어렵다. 지점이 적고 거리는 멀고 가격은 꽤 비싼 편이니 주문이 어렵거나 배달 시간이 꽤 오래 걸린다. 더운 날씨에 음식은 쉽게 눅눅해지고 상하기 쉽다. 가끔은 주문한 대로 배달해오지 않는 경우도 있다. 다시 가져오라고 돌려보내면 그만큼 다시 기다려야 하니 주는 대로 먹는다. 배달원이 잔돈을 챙겨오지 않는 것도 반복되는 일이다. 일부러 잔돈을 노리거나, 점주가 배달원에겐 돈을 맡기지 않으므로 주문한 사람이 준비해야 할 셀프 서비스다. 그래도 가격이 비싼 편이니 한 세트를 시켜도 기꺼이 배달을 해주는 게 다행이다. 나는 지겹지만 인도에서 몇 백 루피 하는 주문 음식은 일반적인 인도인들이 즐기기엔 비싸다.

직원들은 도시락을 싸온다. 원가 10루피나 될까? 매우 검소하다. 특별한 날이 아니면, 짜파티(Chapati), 난 몇 장에 밥, 야채 조금 그리고 그걸 찍어 먹을 커리가 전부다. 신문을 깔고 둘러앉아 각자 가져온 소소한 가정 음식들을 펼쳐놓고 나누어 먹는다. 남자 직원은 힌두와 무슬림도 어울려 점심 식사를 한다. 하지만 여직원은 꼭 혼자 식사하고, 생산직 근로자나 일꾼들도 각기 따로 모여 먹으니 보이는 그대로 인도의 모습이다.

회식을 하지 않는 이상 나 역시 홀로 식사를 한다. 지방 어디면 모를까 외국인이라고 유별하던 시대는 이제 지나갔다. 다만 평소엔 조금 거리를 둘 뿐이다. 겸상을 안 한다니 참 고리타분한 생각이다. 나도 직원들과 어울리고 싶다. 하지만 경계가 완전히 허물어지면 관리자에 대한 어려움도 없어진다.

한국인이 여럿이면 가까운 한인 음식점에서 도시락을 배달받는 경우도 있다. 혼자선 좀 어렵다. 우연히 가는 길이 아니면 먼 거리에 고작 일인분을 부탁할 염치도 없다. 어차피 한국 음식에 너무 맛들이면 힘들다. 간간이 뿌려주는 생명수처럼 갈증을 해갈한다. 일행이 있으면 한국 음식점으로 간다. 그럴 때마다 모 사장님은 안쓰러운 표정을 내게 말한다. "도시락 보내줄까요?" 말만으로도 고맙다. 나는 패스트푸드 장인이 되어간다. 할 일이 태산인데, 큰 고민 없이 또 한 끼를 해결한다. "아침엔 우유 한 잔, 점심엔 패스트푸드" 〈도시인〉의 가사다.

밤에는 '덴푸라 정'이 된다. 어느새 나는 자꾸만 음식을 튀기고 있다. 인도 사람들도 많은 음식을 튀겨먹지만, 꼭 그걸 흉내 낸 건 아니다. 그게 가장 편한 요리법이다. 프라이팬에 기름을 가득 붓고 이것저것 튀겨서 담으면 점점 무엇이든 능숙하게 잘 튀겨내는 재능을 발견하게 된다. "치이이이익…" "또 튀기네?" 집을 찾아온 지인의 말이다. 그때부터 덴푸라 정으로 불린다.

난 운이 좋았다. 혼자 지냈지만 만날 지인은 있었다. 인도로 건너갈 즈음 그간 인도에 머무르던 지인과 연락이 닿았다. 그는 악착같이 버텨온 인도에서의 마지막 해, 나는 이제 시작하는 전쟁 같은 인도 생활, 우연하게도 그 시간이 묘하게 겹쳤다. 배울 점 많고 의지하며 큰 도움이 되었다. 우정이고 어찌 보면 동지애 같은 것이다. 인도로 건너간다는 소식에 그는 반가운 목소리로 말했다. "뭣 하러 와~" 애증이 섞인 격한 반가움이다.

저녁에 만나면 외출할 때도 있지만, 주로 튀김을 만들었다. 그는 음식 솜씨가 좋아 먹을 만한 음식을 내놓았다. 술잔을 마주치며 옛 추억담이나 인도에 얽힌 이야기도 두런두런 나누었다.

그러다가 하루는 그가 나를 꾸짖었다. "애 이름을 모른다니… 넌 아직 멀었어!" 유행하는 걸 그룹을 몰랐기 때문이다. 평소의 취향과 인도에서의 취향은 다를 수 있다. 힌디어 실력도 연마하고 인도에 관련된 서적이나 영화와 음악도 더 자주 접하고 싶지만, 간혹 바람 한 점 없는 더위에는 책 한 페이지 넘길 의욕이 생기지 않는다. 그런 지지부진한 생활의 무력감을 채워줄 수단은 강한 카페인이나 가볍고 신나게 들을 후크 송이다. 나는 걸 그룹의 최신 곡을 틀고 위스키 한 잔 하며 멤버의 이름을 하나하나 암기해 본다. 무언가 하나 의지할 곳이 필요하다. 여력이 된다면 운동이나 다른 취미를 만드는 것이 버팀목이 되어준다고 생각해 본다. 어쩌면 인도 생활은 우스꽝스럽게 보일 수 있다. 하지만 원초적이라고 하는 것이 옳을 것이다. 인도에서도 언제나 평상심을 유지하시는 분들께 실례가 되는 이야기겠지만, 그게 내가 아는 현실이다.

밤의 쿵푸

여행의 인도는 몸과 마음이 겸허하면 족하지만 생활은 그 이상이 필요하다. 참고 인내하거나 최선의 방어는 공격이듯 적극적으로 생존하거나 평정심을 잃는 순간이 있다. 삶의 템포를 유지하기가 여간 까다롭지 않다. 생활은 사투다. 슬슬 시험대에 오른다. 쉬는 날이면 꼭 정전이거나 충전해 놓은 전기료가 바닥난다. 수도가 막히고 변기가 고장나며 인터넷 접속이 끊긴다. 오비이락이라지만 그런 일들을 처리하고 나면 해가 저문다. 그래도 웃어야 하지만 예민함이 극에 달한다. 그럼에도 미소 지으며 생활할 수 있을까?

한동안 잠을 잘 청하지 못한다. 몸은 덥고 마음은 춥다. 일도 지지부진해 저기압에 끝없이 침잠한다. 하루에 한 끼를 먹는 경우가 잦다. 체중은 눈에 띄게 줄어든다. 도저히 잠을 청할 수 없어 누군가의 비법처럼 머리맡에 위스키를 둔다. 불똥은 엉뚱한 곳으로 튄다.

아파트 단지는 입구마다 필요 이상으로 많은 경비들이 지키고 있다. 오가는 차량은 철저하게 검문하고, 외부의 차량은 신분증을 맡겨야 출입할 수 있다. 외부인의 출입은 철저하게 수기로 기록해 주민이 아니면 정문을 통과하기가 여간 까다로운 게 아니다. 손님을 맞을 경우 도착 시간과 약속을 정하고 미리 경비실에 알려두지 않으면 낭패다. 미리 언질해 두어도 근무자가 바뀌며 전달하는 걸 잊어 불편을 겪는 경우가 많다. 하물며 주문 음식이나 배송을 받을 때도 신경을 곤두세우고 경비실의 확인 전화를 기다려야 한다. 안전을 위한 일이지만, 자신들의 권한이라고 경비원의 권위적인 행동이 거슬리는 경우가 많다. 자정 즈음 늦은 밤이 되면 모든 출입구는 봉쇄해 버린다. 그때부터는 주민들도 자신을 증명해야 한다.

지인들과 늦은 식사를 마친 뒤 귀가하는 길이다. 택시를 이용할 때인데, 여느 때처럼 경비원들이 제지하니 뒷좌석에서 내가 고개를 내밀고 "내가 몇 호 주민이요!"를 외친다. 대개는 알아보고 문을 열어주었다. 하지만 택시를 멈추고 기사가 내려 면허증을 보여줘도 텃세를 부리며 빡빡하게 군다. 처음 보는 경비들이다. 내가 직접 밖으로 나가본다. 하지만 오늘은 틀리다. 나 자신을 가리켜 주민이라고 설명하는 나를 슬쩍 쳐다보지만, 융통성을 발휘하지 않고 어딘가로 전화를 건다.

집에다가 확인 전화를 거는 것이다. 혼자 사는 집에 전화를 걸어 주민인지 확인하겠다니 헛웃음이 나온다. 아무도 내 알리바이를 증명해줄 수 없는 셈이다. 자초지종을 다시 한 번 설명하지만 그럼에도 경비원은 고집을 부린다. 결국 나는 경비원에게 다가가 따지기 시작한다. 그래도 우기니 참지 못해 큰 소리로 화를 낸다. 그 순간이다. 등 뒤에 서 뭔가 '휘익'하는 바람이 느껴지더니 둔탁한 것이 뒷머리에 닿는다. 어느새 경비원들이 내 주위를 둘러싸고 그 중 한 명이 곤봉으로 나를 내리친 것이다. 뽕 망치 같은 곤봉이지만… 난 끝내 폭발한다.

동네 주민이 경비원에게 얻어맞다니 웃지 못할 일이다. 그때는 말보다 몸이 움직였다. 발차기를 하는데, 아뿔싸 어릴 때 이후로 싸워본 적이 없다. 나의 다리는 허공을 가르고 다시 경비들이 내 주위를 에워쌓는다. 다들 충분히 경비를 할 만큼 날렵하다. 숨을 죽이고 자세를 낮추고 한 손엔 곤봉을 들고 있다. 달밤에… 쿵푸의 한 장면이 연출된다. 그 순간 번쩍하고 정신이 든다. 인도에선 몸으로 싸워선 안 된다. 그건 상식이다. 싸움은 삽시간에 번져 어떤 일이 벌어질지 모른다. 그걸 아는 놈이 뭘 하는 짓일까… 곪고 곪은 무언가가 터진 순간이다. 그때 누군가 경비가 달려와 그들을 멈춰 세운다. 나를 아는 경비다.

결국 경비소를 통과한다. 나는 얼굴을 똑똑히 기억하라며 큰소리를 쳤다. 하지만 내심 당황했다. 계속 되었으면 몰매를 맞았을 것이다. 문득 정신 차려야겠다고 생각한다. '시험대에 오르더라도 평정심을 잃진 말아야지.' 그 이후로 단 한 명도 나의 출입을 가로막는 경비원은 없다.

비둘기 가족

어린 놈이 죽었다는 걸 알게 된 건 경비원한테 맞은 지 얼마 뒤였다. 두 번째 겨울, 출장으로 집을 비워 청소를 못하자 발코니는 배설물로 엉망이었

숙소 발코니에 자리잡은 비둘기 가족.

다. 파트타임으로 드나들던 청소부는 어느 날 갑자기 일을 관두고 고향으로 돌아갔다. 주급을 미리 달라며 찾아온 것이 마지막이었다. 발코니를 어떻게 치울까 멍하니 바라보다가 화분 귀퉁이에 모로 누운 비둘기 한 마리가 보여 '이젠 제 집처럼 편하구나' 싶다. 그러다 소리를 내며 쫓아도 요지부동이라 이상해 가까이 다가가보니 녀석은 죽어 있다.

이상한 건 녀석의 부모가 보이지 않는다. 어디로 간 걸까, 슬퍼서 방황 중인 건가, 둥지에서 떨어진 낙오자는 이미 잊은 걸까… 청소부도 떠났고 비둘기 시신에 섣불리 손을 대기가 싫어 한동안 어쩔 줄 몰라하며 그들을 기다린다. 어쨌든 좀 곤란한 일이다. 설령 그 녀석들이 돌아온다고 해결할 수 있는 문제도 아니다.

잠시 그렇게 기다리다가 도저히 방치해둘 수 없어 방법을 생각해낸다. 쓰레받기를 이용해 남는 종이 상자를 관 삼아 담는다. 그다지 기억하고 싶지 않은 냄새가 코끝을 자극한다. 그 다음이 문제다. 딱히 어쩔 수 없어 집 밖에 내놓는다. 분리수거를 하진 않아 그렇게 바깥에 두면 평소 청소부가 재활용할 수 있는 건 챙기고, 나머지는 일층의 쓰레기통에 버린다. 그런데 그들이 상자를 열어 보면 오해할 것 같아 꺼림칙하다. 이 동네는 평소 너무 많은 비둘기가 말썽이니 내가 잘못한 건 없지만 어쩐지 용의자처럼 보인다.

그런 사이 비둘기 부모는 아무렇지 않은 듯 둥지로 돌아온다. 귀환에 안심이 되면서도 괘씸하다. 14층 발코니에 사는 비둘기 가족은 요절한 자식이 어디로 사라진지도 모른 채 분주하게 둥지를 오간다. 이 또한 인연이라고 묻어주어야 하나? 다음날이 밝아 나가보니 이미 관은 사라져 있다. 일층으로 내려가 보니 쓰레기통엔 열린 종이 박스만 보이고 비둘기는 보이지 않는다.

무소식이 희소식은 아니다

어느 날 한국도 인도도 아닌 곳에서 전화가 왔다. "여긴 미얀마야!" 처음 보는 번호에 받기를 망설였는데 받아보니 목소리가 익숙했다. 옛 직장의 대선배다. 인도에 있다는 소식을 듣고 연락을 해주었는데, 미얀마라면 어쩐지 동병상련이다. 같은 직장에 머물 때는 감히 눈도 못 마주치던 연배지만, 이렇게 연락을 하니 반갑기 그지없다. 그는 퇴직 이후 또다른 미래를 개척하고 있다. 그는 담담히 말한다. "아직 내 작은 놈이 고등학생이잖아!"

인도에 머무는 동안 유독 그런 일이 많았다. 또 어느 날은 학교 선배가 연락을 했다. 거긴 아프리카라고 했다. 수화기 너머로 그는 말했다. "고생 많다." 아프리카가 인도에게 고생 많다니 머쓱하다. 하지만 그 소리에 먹먹해지고 만다. 전화기를 끊으며 삼킨 말을 되뇐다. '선배야말로 고생 많으세요.'

얼마 후엔 한 후배가 연락했다. 처음에는 후배인 줄 몰랐다. 묘령의 한국 여성이 전화를 해 한 번 방문하겠다고 말했다. 타향살이에 한국인이면 누구든 기꺼이 반기는 법이다. 그렇게 그녀는 정말 방문했다. 막상 만나보니 생각보다 젊다. 혈혈단신 인도로 와 기업 대상의 영업 업무를 한다고 자신을 소개했다. 밝은 에너지의 당찬 여성인데 이게 또 무슨 인연인지 학교 후배였다. 반가워서 대화가 길어졌다. 하지만 후배는 사실 실망했을지도 모른다. 선배라는데 딱히 영업엔 도움이 안 되고… 말만 많다. 어쨌든 한여름의 크리스마스 같은 일, 딱히 중한 이야기 없이 한참을 수다 삼매경에 빠졌다. 그런데 그런 뒤 얼마의 시간을 지났을까? 그 후배에게서 연락이 왔다. "선배, 저 한국 들어가요."

인도에선 흔들릴 때가 많다. 확신을 가진 도전도 문득 불안해진다. 비단 몸에 맞지 않은 날씨나 익숙하지 않은 환경 때문은 아니다. 일은 풀릴 듯 안 풀리고 한국과 인도 사이에서 정체성을 고민하며 모순을 느끼며 점차 소외되고 밀려난다는 두려움을 가진다. 나는 법인 직원을 대변하지만 본사의 지령을 받는 일개 직원이다. 나는 고용주인가, 직원인가… 언제나 스스로에게 던지는 모순 덩어리의 질문이다. 그럴 때는 아무 말 하고 싶지 않은 심정이 된다. 현장에 맞지 않는 한국의 지령도 지겹고, 노력해도 좀처럼 변하지 못하는 인도인 직원들과의 대화도 지친다. 말수는 줄고 '네, 아니요' 식으로 답변은 짧아진다. 실어증에 걸린 사람처럼 한국과 인도 사이 어딘가에 고립되어 강렬하게 아무하고도 말하고 싶지 않다. 책임 있는 사람이 결국 그럴 수야 없지만, 심정이 그렇단 얘기다. 포기하고 돌아갈까도 생각한다. 소식이 뜸하고 말수가 적어진다면 이유가 있다.

그런데 순간순간 스치듯 들려온 그들의 소식이 내게 의외의 위로가 되어준다. 누군가는 인도, 누군가는 아프리카, 누군가는 미얀마에서… 그들의 모습에 교감하고 동질감을 느낀다. 그들의 모습은 애잔하면서도 뿌듯하며 안심이 된다. 설령 일이 잘 풀리지 않고 밀려나며 포기하게 되더라도 지금은 괜찮다고 생각한다. 지금 현재의 위치에서 해야 할 일을 할 뿐이다. 흔들릴 때면 나는 그들이 어떻게 그곳에 간 것일까 생각해본다. 그러면 계속 나아갈 힘을 얻는다. 어쩌면 서로의 발걸음에 의지하는 건 아닐까… 혼자가 아니므로 계속 전진할 수 있다. 간간이 들려오는 그들의 목소리는 그들뿐 아니라 나 자신의 무사한 생존 신호이기도 했다. 무소식이 희소식은 아니다.

생활의
반전
:

　생각이 달라진다. 지금 아니면 할 수 없을 일들을 생각해본다. 나의 인도를 되찾고 싶다. 거창한 건 아니다. 우선 담장을 자유롭게 드나들고 싶다. 그리고 누군가에게 나의 일거수일투족을 의존하고 싶지 않다.

　차를 마련한다. 차를 몰고 직접 출퇴근하고 용기를 모아 여행도 떠난다. 직접 운전대를 잡으니 출근길 풍경이 달라진다. 인도의 거리는 창 밖으로 보는 진귀한 볼거리에서 직접 탐험해야 할 대상으로 바뀐다.

　인도에서의 운전은 되도록 만류할 일이다. 이 복잡한 곳을 운전하다가 자칫 사고라도 나면… 몸이 가볍지 못하고 다룰 게 많아질수록 해야 할 일이 많아지는 곳이다. 하지만 하지 말라고 말릴수록 내심 끌린다. 그 재미를 못 느끼면 아쉬울 듯하다.

　운전기사를 고용할 수도 있었다. 하지만 끝내 구하지 않았다. 좋은 사람 만나기가 하늘에 별 따기라고 핑계 댄 탓이지만, 한번 시작한 인도에서의 운전은 성가시지만 은근한 중독성이 있다. 매일 저녁, 하루를 마치면 돌아오면 다시 운전하고 싶은 생각일랑 뚝 떨어지지만 또 새로운 해가 떠오르면 슬슬 스릴을 만끽할 준비를 하게 된다. 죽이 되든 밥이 되든 내가 해보자. 별 운전도 못하면서 객기를 부리니 이건 천성일지도 모른다.

좌측통행, 운전 좌석은 우측이다. 차량은 수동이 기본이고, 오토매틱을 택할 경우 신차는 출고될 때까지 시간이 더 걸린다. 사이드미러는 옵션이라 도로에서 하늘을 날 듯 팔을 휘저어댄다. 요즘엔 기본으로 달린 경우도 있다. 하지만 길거리에 나가면 여전히 백미러가 없는 차들이 많으니 뭐가 뭔지 알쏭달쏭하게 공존하는 게 꼭 인도답다.

수표 거래

차를 사러갔다. 수표의 나라니까 수표로 일시금 지불한다. 수가 많지 않은 외국인인데다가 신용 거래를 하고 싶어도 별 다른 방법이 없다. 그러고 보면 신용 카드의 보급도 아직 저조하다. 없는 건 아니고 사용자도 점차 늘어나겠지만, 발급 조건을 갖춘 사람이나 인프라, 무엇보다 일반 대중이 써야 할 필요성을 느낄 리 없다. 멀리서 예를 찾을 필요 없다. 법인의 직원 중에 신용 카드를 가진 사람이 없었다. 예금과 적금 이자나 투자 수익이 높은 곳이니 결국 돈을 쓰는 방식은 넣어둔 돈을 현금과 직불 카드 그리고 수표로 쓴다. 가진 만큼 쓰는 것이다.

수표도 신용 거래다. 계좌를 열면 수표책을 주는데 그걸 가지고 다니며 그때그때 지불할 액수, 주소를 기입하고 서명을 한 뒤 '북' 찢어 건넨다. 수표를 쓴다고 바로 결제가 되는 건 아닌데, 통상 첫 거래나 큰 금액의 거래일 경우 은행 확인 절차가 며칠 소요된다. 법인의 수표도 따로 발급받아 업무상의 각종 거래에 주로 사용한다. 온갖 공과금의 납부 등 일상적인 비용 처리에 있어서는 현금보다 많이 쓴다. 수표마다 일련번호가 있고, 정상적으로 발행한 수표 외에 오기로 파기한 것까지 사용 내역을 기록해 관리한다. 다 쓰면 다시 발급받는다. 수표는 익숙해졌다고 휘갈겨 쓰면 은행에서 반려하니 정자(正字)로 또박또박 쓴다. 나는 수표 쓰는 게 영 어설퍼 재밌긴 해도 불편했다. 하지만 이곳 문화에서는 수표가 편리하고 안전한 거래 방식이다.

차를 사는 경험은 새롭다. 매장을 둘러보고 있으니 영업 사원이 다가와 상담하는 것까지는 어디나 같다. 그런데 구매를 결정하자 안쪽 사무실로 이끌어 지점장과 독대를 하게 한다. 상당한 거래의 분위기가 조성되는데, 역시 지점장과 고객 사이엔 특별한 상담이나 협상이 이루어지진 않는다. 차와 전혀 상관없는 환담을 나누며 기다리면 다른 직원들이 그 사이에 가계약을 위한 기본 서류를 준비해 나타난다. 그런 다음 필요한 서류에 대해 설명을 하는데 내가 뭐라고 하기 이전에 법인 직원과 통화를 하게 해주면 처리하겠다고 말한다.

사인을 하고, 수표를 끊어준 뒤 거창한 악수를 나눈다. 차량 구매는 이런저런 구비 서류가 많다. 지불할 수표, 계약서, 신분증, 면허증 외에 다니는 직장에서도 각종 서류와 증명서를 발급하여 제출한다. 인도다운 문화다. 격식이 거창해서 재미있다. 현실 비즈니스에서도 그런 극적인 일을 경험하는 경우는 드물다.

어차피 범퍼카가 되고 말 텐데… 원래 중고차를 구하고 싶었다. 임기를 생각하면 쓸 만한 중고차를 구하는 것이 현명해보였다. 다만 아는 사람이나 믿을 만한 거래처가 없으니 어렵다. 주변의 지인과 한국인, 소식지 광고 등을 수소문해 보지만 때가 안 맞아 별 소득이 없었다. 누군가는 팔 만한 사람도 좀 부담이 된다고 말한다. 지인에게 넘겨 차가 잘 굴러가면 좋지만, 이래저래 손볼 일이 많아지면 자주 보는 사이에 괜히 미안해진다.

테스트 드라이버

처음 차를 몰고 퇴근하는데 모골이 송연하다. 특별히 운전이 훌륭한 편은 아니라도 별반 어려울 일도 아닌데, 수동 기어를 쓰면서 쓰는 손이 바뀌고 차선도 바뀌니 잔뜩 긴장한다. 오토를 샀어야 하는데… 재고가 없어 출고를 오래 기다려야 하니 덜컥 있는 대로 사버렸다. 땀이 비 오듯 흐른다. 그래도 삶이 심심하진 않다. 굳이 여행을 떠나지 않아도 출퇴근길에 많은 걸 경험한다.

아침 출근길은 혼잡한 바자르(재래시장)를 통과해 대로에 합류하기 위해 유턴을 해야 한다. 일단 시장을 통과하는 길부터 상당히 고전한다. 가다 서다 끼어들기가 난무하는 세상 속에서 시동이 한 차례 꺼진다. 당황하는 건 당연하다. 세상의 움직이는 모든 것이 생동하며 얽히고설키는 시장 골목이다. 고전을 거듭하다가 결국 그곳을 피해 멀리 돌아가는 길을 찾아낸다. 그런데 바자르를 통과한 지점에서 또다시 새로운 장애물과 마주한다. 목동이 모는 소나 양떼인데 함께 유턴을 하며 모든 차선을 점거한 까닭에 둘러싸인 채 옴짝달싹 못하고 기다리다 시동을 꺼뜨려 먹기 일쑤다.

그 다음에는 운전하기가 조금 수월하다. 돌부리가 돋아난 흙길을 지나면 개발이 한창인 지역이 나온다. 속도를 낼 수 있는 구간이다. 다만 주의를 기울일 부분은 포장길이 움푹 패여 과속은 위험하다. 운전이 수월한 것은 잠시, 법인이 세워진 공단에 가까워질수록 또 한 차례 위기를 겪는다. 계속 달리면 수동 조작도 할 만하지만 수시로 멈추니 어렵다. 그곳에서도 다시 신호등과 러시아워를 피해 신작로를 찾아낸다. 이러다가 어디까지 돌아갈지… 자꾸만 멀리 돌아간다.

법인이 세워진 공단 안으로 들어서면 매우 혼잡하니 가급적 일찍 출근한다. 하지만 조금만 늦어도 걸어서 출근하는 인부와 차량, 그리고 동물들 사이에 갇히고 만다. 가끔은 차와 소나 말 등이 역주행한다. 동물은 우선이다. 알아서 지나가도록 멈춘다. 하지만 차들은 한바탕 대결을 펼친다. 길은 2차선 외길이라 좁은데 절대 양보를 하지 않아 길 한복판에서 버티기 대결에 들어간 것이다. 인내력이 강한 사람이 이긴다. 계속 모른 척 버티고 있으면, 상대는 불만스러운 몸짓과 표정으로 차를 움직인다. 좁은 공간을 비집고 전진과 후진을 반복하며 어떻게든 빠져나갈 틈을 만드는 것이다.

결국 접촉 사고를 낸다. 트랙터 기사가 뒤를 받았는데, 울먹이는 기사의 표정이 안쓰러워 그냥 보내준다. 주변 공사판의 인부일 텐데, 트랙터도 자기 소유일 리 없다. 만약 사고로 문제가 생기면 그의 생업도 큰 차질을 빚을 것이다. 놀라고 두려운 그의 표정에서 일을 복잡하게 만들고 싶은 생각이 전혀 들지 않는다. 무엇보다 나는 사고가 나 길을 막고 선 상태였다. 사방에서 경적이 울리고 난리도 아니다. 그냥 가라고 손짓하니 기사는 두 손을 모아 감사하다며 얼른 앞서간다. 범퍼는 인도에서 그냥 범퍼다. 긁히고 움푹 들어가는 건 용도에 맞는 당연한 일이다. 그래도 마음은 쓰리다. 보험에 들어 있으니 다행이다. 가까운 정비소에 차를 맡기니 보험으로 처리해 수리하고 지정된 위치까지 차량을 가져다 준다. 물론 그런 서비스는 여비를 지급하는 게 관례다.

사실 시내의 교통사고는 크게 두렵지 않다. 정체로 어차피 주행 속도도 낮아 사고가 날지라도 대개의 경우 접촉 사고 수준에 그치기 때문이다. 그래서인지 시내를 운전하다 보면 웬만한 차들은 외관이 형편없이 찌그러진 경우가 많다. 흔한 접촉 사고는 몇 마디 다툴 뿐 각자 갈 길을 간다.

하지만 고속도로의 운전은 주의를 기울여야 한다. 평소 정체가 심한 도로를 운전하다가 뻥 뚫린 고속도로가 나오니 과속을 하다가 한번 사고가 나면 대형 사고로 이어지는 경우가 많다. 도로 위엔 장애물이 많다. 화물이 떨어져 있거나 동물이 가로지른다. 오토바이를 타다가 길이 움푹 패여 생명을 건 공중제비를 돈다. 최근 대두되는 음주 운전도 문제다. 게다가 외국인의 입장에서 사고에 관련되면 곤란하다. 대개의 기업이 파견자의 자가 운행을 막는 이유다. 운전을 하더라도 안전 운전, 방어 운전이 중요하다.

사실 택시도 위험천만하다. 운전도 험하고 너무 저렴한 곳은 보험도 들지 않은 무허가 무면허일 경우도 있다. 좀 비싸더라도 믿을 만한 업체를 써야 한다. 시간도 잘 지키지 않는다. 아이러니하게도 택시에서 직접 차를 몰게 된 이유는 택시 생활이 힘든 탓도 있다. 하루는 택시로 이동하다가 황량한 도로 한복판에서 펑크가 났다. 예비 타이어는 없고 그제야 다른 택시에 연락해 타이어를 가져오게 만든다. 이미 주변은 까마득히 어두워졌고, 인적은 드문 곳인데 타이어를 기다려 기사가 직접 교체하기까지 내가 할 수 있는 건 모기에 뜯기며 기다리는 것이다. 업체에 항의해도 기본적으로 잘못된 업체일 경우 개선되지 않는다.

한편 선거철에는 또 색다른 경험을 한다. 선거일에는 도로 곳곳이 정체된다. 트럭에 올라가 깃발을 흔들며 춤추는 무리도 있고 경찰이 만약의 사태에 대비해 곳곳을 통제한다. 선거를 앞두고는 예산 몰아쓰기와 유권자 환심 사기가 이어진다. 한동안 멈췄던 공사를 속개해 길을 닦고 멀쩡한 가

도로 한 가운데를 점령한 소떼. 이날은 소 때문에 약속 시간을 지킬 수 없었다.

드레일을 고치는 일도 빈번하다. 예산을 다 써버리는 것이다. 한편 이 기간은 예정된 공공사업 프로젝트의 입찰 등 일부 사업 진행이 잠시 보류되기도 한다.

퇴근길에는 소싸움을 구경할 수도 있다. 길을 우회해 한적한 도로를 달리다 보면 몰고 나온 소들이 싸움이 붙자 소몰이꾼은 막을 수 없어 그대로 방관한 채 싸우도록 놔둔다. 나는 우연히 맨 앞줄의 명당자리에서 그 광경을 목격한다. 차 쪽으로 오는 건 아닐까 두려운데, 다행스럽게도 소몰이꾼이 반대편으로 몰아간다. 그 사이 차를 멈춰 세우고 소들의 흥분이 잦아들 때까지 기다린다. 그런데 뒤를 보니 어느새 많은 차량들이 줄지어 서 길이 다시 열리길 기다리고 있다.

재밌는 건 아무도 경적을 울리지 않는다. 인도의 도로 위는 항상 경적

소리로 가득한데, 소 등 동물로 인한 정체는 예외다. 인도에선 경적이 에티켓이다. 차 뒤엔 신과 어머니를 향한 축원문과 더불어 '경적을 울려주세요(please horn)'란 문구가 또렷하게 쓰여 있다. 외국인들은 적응하기 힘든 부분이지만 꼭 불만을 표시하는 게 아니다. 경적을 울려서 추월하고 방향을 바꾼다.

운전은 새로운 경험이다. 꼭 운전을 권하는 건 아니다. 운전이 아닌 다른 방법이라도 익숙한 곳, 틀에 박힌 생활 속에 소극적으로 머무르지 않고 좀 더 진취적으로 나아가 인도에 관한 새로운 경험을 쌓는 것이 의미 있는 인도 생활일 것이다. 인도에 머무는 동안 수동적이기 쉽다. 참고 견디며 사투를 벌이다가 정말 아무것도 안 하고 싶어진다. 자기만의 공간에 틀어박히고 익숙한 사람들만 어울리게 될 수 있다. 게다가 분업의 사회가 아닌가! 이런저런 일손을 쓰게 되니 인도에 살았지만 아무것도 경험하지 않고 돌아온다. 그러면 인도에서 힘겹게 보낸 시간은 무슨 의미가 있으며 그 사람이 한국에 돌아와 인도에 대해 전하는 이야기는 어떨까? 좀더 느긋한 마음으로 인도를 마주하며 자신의 시간을 보낼 줄 아는 것이 중요하다. 인고의 시간이 아닌 삶을 영위해야 한다.

조금 자신감을 얻자 자동차 여행에 도전한다. 어설프게 시동을 꺼뜨리며 마투라, 찬드바우리, 찬디가르로 향한다. 가깝지만 마음은 먼 장소들이다. 책임져야 할 일이 있으니 먼 곳으로 자유로이 떠나진 못해도 가능한 곳은 짬을 내어 어디든 가본다. 그리고 기록한다. 여행을 기록한 건 오랜만이다. 생활은 여행과 다르지만, 여행은 생활의 감초 역할을 한다. 나는 다시 인도에 매료된다. 그러면 인도 생활은 해볼 만하다. 그러고 보면 인도는 언제나 그대로인데 변한 건 오로지 나다. 그 당연한 사실을 깨닫는데 시간이 걸린다.

참고로… (얼마나 용을 썼으면) 귀국한 이후로는 운전을 피한다.

전기 빈대

"이미 납부하지 않았어요?"

어느 날 공장의 전기세 고지서를 받아보고 깜짝 놀란다. 금액이 어마어마하다. 게다가 지난번 납부한 뒤 얼마 지나지도 않아 품의서를 작성한 담당자를 불러 되물어본다. 생산이 한창이던 여름이 지나고 미납된 전기세 고지서가 나온 것이다.

인도는 공과금 납부 방식이 좀 특이하다. 쓰는 만큼 계측해 내는 방식이 아니라 대략의 평균으로 고지서를 발급하고, 이후 실측을 해 차액이 남으면 예치하고, 부족하면 정해진 시기마다 추가로 정산한다. 일일이 실계측을 해서 정산하기 어려우니 일단 걷고 보는 것이다. 많이 걷으면 환급해주지 않고, 누적해가며 빼고 더하니 상당히 영민한 계산법이다.

대수롭지 않게 생각하고 있었는데 아무튼 기록적인 요금이다. 다시 한 번 공과금 납부에 대해 들여다보는 계기가 된다. 생산과 테스트가 한창이니 쓴 만큼 나오는 것이다. 그런데 조금은 뭔가 찜찜하다. 그래서 하나하나 자세히 뜯어보니 빌딩 전체에 일괄적으로 부과한 고지서다. 관공서의 입장에서야 빌딩의 누가 어느 층을 쓰는지 알 바 없다는 것이고, 계량기가 따로 설치되어 있지 않는 이상 무조건 고지서를 던지고 볼 일이다. 계량기를 따로 달아줄 리도 없으니 나눠서 부담하든 말든 너희들이 알아서 기한 내에 납부하란 얘기다.

이해했다고 문제가 해결되는 건 아니다. 지하로 내려가 누가 얼마나 낼지 협의를 해야 한다. 결국 따지고 보면 감당할 금액은 우리가 더 많더라도 먼저 내주면 다시 받아내긴 쉽지 않다. 이웃과 사이가 좋아야 하는데 알고 보면 날강도가 따로 없다. 그간 단 한 번도 전기세를 내지 않고 버틴 것이다.

지하의 인도 업체보다 더한 건 법인이다. 일찌감치 이 문제를 알고 분담을 요구한 적이 있지만, 그간 납부 금액이 미미해 제대로 신경 쓰지 않았다. 문제가 발생할 때까지 일을 키웠다.

직원들을 보내 전기세 협상에 들어간다. 나는 물러선다. 내가 나서지 않아야 안 풀려도 수가 있다. 아마도 직원들은 고용주가 여간 깐깐한 외국인이 아니라면서 물러설 수 없다는 최후의 카드를 쓸 것이다. 마침 체불된 미납금을 기한 내 납부하지 않으면 전기가 끊길 예정이다. 지하에서 그런 일이 벌어지는 사이 나는 밖으로 나와 건물 주위를 둘러본다. 앞으로는 점차 법인의 직원들이 그런 걸 스스로 미리 챙길 줄 알아야 한다.

공장을 임대한 이후로 꼼꼼하게 살펴본 건 처음이다. 역시나… 건물 뒤편으로 가 보니 일층과 지하 사이에 양다리를 걸치듯 설치된 계량기가 보인다. 역시 단 하나뿐이다. 참 이런 걸 기생하나 싶다. 몇 시간 뒤 여태껏 내지 않은 만큼 지불하겠다는 약조를 받아낸 직원들이 돌아온다. 수표는 며칠 안에 써 주겠단다. 글쎄… 당장 받아내라고 한다. 단김에 끝까지 밀어붙여야 한다.

주살생의 추억

알려져 있다시피 인도에선 살생(殺生)을 경계한다. 외국인이라도 그 문화에 적응하다 보면 도마뱀과 동숙하고, 비둘기에게 발코니를 내준다. 그래도 모기 등 해충을 잡지 않을 수 없으니 그마저도 살생을 꺼리는 사람들과 비교하면 애매한 살생자. 현실적으로 전혀 살생을 금한다는 건 쉽지 않다. 이젠 하나의 상징적인 개념으로만 남은 것 아닐까 생각한다. 그런 생각을 뒷받침해주는 현실이 인도의 동네 시장에도 모기약이나 쥐덫 따위는 판매하는 것이다. 과연 지켜야 할 선은 어디까지일지 의문이 든다.

그런 와중에 한바탕 소동이 벌어진다. 다 만들어 놓은 제품에 쥐가 들어가 엉망을 만들어 놓은 것이다. 이제 곧 검수를 하고 납품을 해야 할 새 제품인데 곤란한 일이다. 인도에 도입되는 제품은 어느 정도 그런 환경을 예상하고 디자인된다. 하지만 그럼에도 실제 경험하기 이전에 대응이 부족하다. 쥐는 간과한 조그만 틈에도 비집고 들어간다. 실내 생산이 그러므로 야외의 설치 현장이나 보관 창고는 문제가 더욱 심하다.

결국 부족한 부분은 디자인을 수정하고 부품을 교체하는 상황이 벌어진다. 동시에 전면적인 쥐잡기 작전을 벌일 수밖에 없다. 쥐덫을 사서 곳곳에 설치한다. 쥐구멍을 찾아보니 건물 앞면의 틈 사이를 뚫고 들어온 것이다. 틈이 있어 입주 시에 흙으로 메운 공간도 소용없다. 땅굴을 뚫어 놨다. 땅굴은 탕비실로 곧장 이어진다. 그곳에서 주위를 살펴보면 쌓아둔 각설탕과 찻잔, 음식을 담았던 그릇 따위가 보인다. 순간 비위가 상한다. 음식도 나눠 담고 차도 끓여 마신 곳이다.

땅굴 앞에 쥐덫을 두고 하루 이틀 지나니 쥐가 잡혀 들어온다. 직원들이 잡힌 쥐들이 담긴 덫을 보여주는데, 직원들에게 잘했다며 얼른 처리하고 땅굴도 메우라고 말한다. 그런데 또 며칠이 지난 뒤다. 공장 안을 살피는데 눈앞으로 쥐가 재빠르게 지나가는 것이다. 쥐가 그렇게 많은가 생각하다가 이상해서 확인해보니 쥐는 잡았는데 길 건너편에 다시 놓아줬다는 것이다. 기껏 잡아서 풀어주면 무슨 소용이 있냐고 물었더니, 한 직원이 죽이는 건 절대 안 된다고 말한다. 그러면 덫은 왜 놓은 것인지 물으니 대답이 없다.

고로 쥐와의 숨바꼭질은 계속된다. 잡아서 담 밖에 놓으면 돌아오는 일이 반복된다. 그들 방식으로 해결하게 놔두는 수밖에 없다. 그리고 그 정도의 내성이 없으면 제품은 현장에서 살아남기 어렵다. 하지만 청결 문제는 다르다. 철저한 관리가 필요하다. 어느 날 직원의 책상 안을 열어본다. 이런저런 서류와 쓰레기가 아무렇게나 뒤섞여 쌓여 있고 곳곳에 음식물도 보인다. 탕비실 문제만은 아니다. 뭔가 쥐가 꼬일 만한 이유가 있는 것이다.

스스로 특별히 깔끔한 사람도 아니고, 이런 일은 각자 알아서 해야 할 일 아닐까 싶지만, 당장 몇 걸음만 밖으로 나가도 이해하게 된다. 청결 상태는 아무리 강조를 해도 부족하다. 처음엔 깨끗했던 곳도 시간이 갈수록 지저분해진다. 스스로 정리하는 시간도 가질 겸 주말 퇴근 전 한 시간을 대청소 시간으로 정한다. 한국에서도 흔한 일이다.

그런데 내 생각이 짧다. 스태프들의 반응이 재밌다. 다들 청소는 자기 일이 아니라고 생각한 탓에 결국 일은 청소부에게 다 시킨다. 나의 지겨운 잔소리에 못 이겨 그저 하는 시늉만 할 뿐 여러 명이 청소부 한두 명에게 이것저것 손가락질하기가 바쁘다. 청소부만 고달프다. 결국 내가 나서서 설쳐야 조금은 따라 움직인다. 없는 습관을 만들려면 시간이 걸린다. 다만 나도 달라져 있다. 이젠 그런 답답한 상황에서도 제법 위트를 잃지 않고 여유를 보인다. 그다지 위트는 없는 편이라 평생 써야 할 것을 다 써버리지만, 화내고 쉽게 바뀌지 않는 일도 서로 웃으며 반복할 수 있다.

현지 직원들을 움직이려면 설령 우리가 맞을지라도 우리 생각이 무조건 옳다며 밀어붙이고 강요하는 것만으로는 한계가 있었다. 업무상 중요한 일은 굳이 시행착오 할 이유 없이 지식과 노하우를 바탕으로 이끌고 나가야 할 때가 있지만, 일상적인 일은 장기간 걸쳐 필요성을 깨닫게 만들고 바뀌도록 유도해야 할 때도 있다. 인도인 직원들도 나름 노력했다. 바뀔 마음은 있다. 그러나 평생 익숙하지 않은 습관은 잘 바뀌지 않는다. 충분히 이해하지 못하니 요령도 없다. 이러한 일들은 끈기를 가지고 관리자가 함께 계속 점검하며 되풀이하는 것도 방법이지만, 당근과 채찍을 써 언제나 상기할 만한 이유를 만드는 게 좋다. '이달의 사원'처럼 상벌 제도를 활용하는 것도 좋은 방법이다.

회식

대화가 필요하다. 그런 의미로 정기적인 회식도 의미 있는 일이다. 사실 인도라면 회식보다는 파티가 더 어울린다. 하지만 어떤 형태든 좋다. 결국 다국적 문화 속에서 서로를 조금 더 이해할 소통의 장을 마련하는 것이다. 인도인 직원들도 한국과 한국 기업, 한국 사람과 문화에 대해 궁금한 점이 많은데 교감이 많지 않아 아쉬움을 드러낸다. 회식은 그런 기회를 제공할 기회다.

메뉴는 민감하다. 그런데 또 회식을 하자면 직원들이 무척 좋아한다. 한국 음식을 먹어보겠냐고 물으면 기꺼이 좋다고 답한다. 그런데 매운 음식을 잘 먹지 못하고, 육식이나 술도 피할 수 있으니 한두 번 경험할 정도다. 아까운 음식만 잔뜩 남긴다. 차라리 좋은 품질의 풍성하고 맛있는 인도 음식점이 회식 장소로 제격이다. 인도인 사이에도 음식을 통일하긴 쉽지 않다. 사람에 따라 채식만 하거나 종교적 이유로 단식 기간에 있는 경우도 있다. 회식 장소가 고민되는데, 크게 걱정할 필요 없이 그들이 협의해 정하도록 선택권을 주면 된다. 한 직장에서 일하는 한 서로 어느 정도 융통성을 발휘한다. 대개 채식과 육식이 고루 제공되는 음식점을 정하는데 기본적으로는 뷔페식이 맞는 것이다.

회식을 하자니 시간 조정이 어렵다. 공식 일정 외에 다양한 종교적 사유와 가정 대소사가 수시로 겹쳐 모두의 일정을 만족시키기 어렵다. 그렇다고 누군가를 빼면 무척 섭섭하게 생각한다. 시간을 잡아본 뒤, 여의치 않다면 가볍게 점심 식사를 하는 게 좋을 것이다. 사무실을 오래 비우기 어려울 경우 주문 음식도 괜찮다. 인도는 이동이 어려울 뿐더러 외식 한 번에 많은 시간이 걸린다. 저녁 식사는 좋아하지만, 퇴근 시간이 늦어지면 교통 사정상 귀가가 오히려 어려울 수도 있으니 늦지 않은 시간에 끝내는 것이 적당하다.

식문화에 대한 기본적인 이해는 필요하다. 인도인의 식생활은 개인의 믿음이나 취향이 아니다. 원론적으로 음식은 정(淨)하고 부정(不淨)한 것을 구분하듯 집안 대대로 내려온 종교적 신앙 및 관습과 연관된다. 먹고 만드는 사람의 계급에 따라 음식이 구분되고, 외국인과의 식사 자리를 유별 했던 시절이 불과 얼마 전이다(여전히 그런 곳도 있다). 사제계급, 지배층, 신분이 높을수록 별도로 다룬 정제된 음식을 찾고, 채식을 선호하며 튀긴 음식이 많다. 이것으로 그 사람의 지위가 살짝 드러난다.

그러나 그 또한 현대에 이르러 절대적인 판단 기준은 못된다. 대대로 보수적인 성향을 가진 사람도 있고, 그렇지 않은 경우도 있다. 술과 육식을 즐긴다고 하층민으로 매도할 수 없다. 하층민이 가난하고, 가난하면 부정(不淨)하다고 할 수 없듯 하층민은 오히려 술과 고기를 살 돈이 부족하다. 현재 인도의 사회 계층은 전통적 계급에 경제적 계층 구분이 뒤섞여 복잡하다. 상류층이 상류 문화를 즐기더라도 그것이 전통적인 개념에선 부정(不淨)할 수 있고, 그 반대도 가능하다. 전통적인 계급이 대물림되어 유지되는 경우가 많은 한편, 브라만(사제 계급)이 몰락할 수 있고, 불가촉 천민이 입지전적인 성공을 이룰 수도 있다.

비즈니스의 응대는 또 다르다. 인도 사람들도 외국인을 대할 때는 의외의 모습을 보일 때가 있다. 드문 경우지만 상대의 집무실에서 맞담배를 피우며 위스키 한잔 하는 것도 불가능한 일은 아니다. "언제 한잔 하자고. 좋은 위스키가 있어!" 납품 일정으로 한참 얼굴을 붉힌 뒤 인도 업체의 책임자가 말한다. 담배를 던지는 걸 보니 익히 중국 기업을 상대해본 경험이 있는 듯하다. 그는 아마 크샤트리아(왕족 등 정치무사) 계급일 것인데, 마하바라타의 판두족도 크샤트리아다. 하지만 시대가 변하고 그들의 전쟁터도 바뀌었다. 이젠 새로운 전장인 생업 전선에서는 자신에게 주어진 역할을 다하는 것이다. 이런 사람이 여는 파티에 참석하면 주지육림까진 아니라도 술과 음식의 종류가 꽤나 다채롭다. 게다가 인도는 패밀리 비즈니스 아닌가! 그런 아버지의 모습을 곁에서 장남이 바라보고 있다. 아마 그는 아버지를 본보기 삼아 그대로 따라 할 것이다.

그렇다면 인도의 식문화를 조금 알아도 여전히 혼란스럽다. 회식이 필요하다면서 인도인과 같이 식사하란 말인가, 아닌가? 여기서 머리가 아프니 물러서기 쉽다. 하지만 거기서 물러서면 소통은 멈추는 것이다. 외국인이니 실수할 수 있다. 실수를 두려워하기보다는 그것을 통해 점차 알아가는 것이 중요하다고 말하듯 경험이 쌓일수록 어느 정도 파악이 되는 부분이다.

만약 중요한 첫 만남이라면 다소 수동적일 필요가 있다. 뜻하지 않게 상대에게 큰 결례를 범하기보다는 조심스러운 편이 낫다. 상대가 술을 권하면 마시는 것이고 그렇지 않으면 권하지 않는 것이다. 적어도 나서서 상대의 종교나 계급을 노골적으로 물어보다가 어색해져 망신살 뻗치는 일은 없어야 한다. 그렇게 조심스럽게 상대의 정보를 하나씩 얻어 속으로 맞춰보면 대강 짐작이 간다. 그러므로 좀 오래 걸린다.

마지막으로 회식의 주인공은 인도 직원들이어야 한다. 회식은 한국인과 인도인 직원의 소통의 장만은 아니다. 회식의 풍경은 다채롭다. 채식과 육식, 술과 음료수 외에 다양한 인종, 종교, 계급이 어우러지는 장소다. 구성원이 다양한 사회에서 이상적인 화합이 쉽진 않지만, 서로 그렇듯 어우러지면 어느덧 각자의 손에 음료를 들고 기분 좋게 건배를 나눈다. 별 것 아니지만 아주 작은 것이 서로의 마음을 움직인다.

짜이여, 안녕

부탁하지도 않았는데 아침마다 직원이 짜이왈라를 데리고 와 웃는 낯으로 "짜이 한잔 하시냐?"며 권한다. 그렇게 권하니 언제나 흔쾌히 "좋지!"라고 답한다. 그런데 짜이 맛이 갈수록 이상하다. 재료가 달라진 건지 질린 건지 모르지만, 향이 유독 강하고 끝 맛이 쓰다. 아침 출근부터 퇴근까지 사무실엔 하루에 대여섯 잔의 짜이가 배달된다. 하루의 시작과 끝이 짜이인 셈인데, 슬슬 받은 잔에 손이 가지 않는 일이 많아진다.

알고 보니 짜이왈라가 바뀌었다. 원재료 가격이 오른다며 습관적으로 불평불만을 늘어놓았는데 거두절미하고 가격 인상 요구를 거절한 적이 있었다. 그 결과 다른 공급자를 찾은 것이다. 짜이 장수라고 해봐야 길가 좌판에서 차를 달이는 흔하디 흔한 사람들 아닌가… 겉보기엔 재료나 조리법이 거창할 것 없어 딱히 손맛이 있을 것 같지 않았다. "짜이 맛이 어디 다르겠어?" 그런데 그들도 맛에 대한 자긍심 같은 게 있는 법이다. 짜이는 싸질수록 맛이 없었다. 재료를 아껴 우리고 또 우려내면 맛없는 싸구려 짜이다. 첫 맛은 너무 달고 끝 맛은 너무 쓰다.

직원들 마시라는 것이지 나는 사실 커피가 좋다. 짜이도 별미긴 하지만 아무래도 가끔 마실 때 그리워질 정도다. 특히 믹스 커피는 소중했다. 한국 분들을 만나면 각자의 책상 안에 몇 봉지씩 숨겨두고 자린고비처럼 꺼내 마셨다. 선물처럼 몇 봉지 건네는데, 그러면 두 손을 내밀어 소중하게 받아 챙기며 '이런 걸 다 주시고…' 하며 화답한다. 내 책상 안에도 몇 봉 숨겨두었다. 물론 인도도 훌륭한 커피의 산지다. 최근에는 커피숍이 많이 들어서고 마트에서는 쉽게 구할 수 있다. 밀봉이 바람 빠진 바람 인형처럼 좀 흐물흐물거리긴 해도 한국 식품점에선 믹스 커피도 살 수 있다. 그런데 아직 일상의 음료라고 하기엔 어렵다. 남인도와 달리 북인도에서는 짜이가 일상적이다. 남인도에서는 길거리에서 싼값에 커피를 마실 수 있지만 북인도에서는 그런 문화를 짜이가 대신하고, 아무래도 커피와 짜이 한 잔의 가격 차이가 난다.

그러므로 인도 직원들과의 티타임에 믹스 커피를 한 잔씩 마시면 좋아한다. 한국식 커피는 인도인들에게 별미다. 음식에 조심스러워 처음엔 뭔가 싶어 성분을 확인하지만, 이내 달짝지근한 그 맛에 흠뻑 반하고 만다. 마시지 않고 놔두었다가 집으로 가져가 가족과 나누어 마시거나 둘이 한 봉을 나누어 마시고 나머지 한 봉은 아껴두는 장면도 연출되는 것이다. 그런 모습을 보면 듬뿍 주고 싶지만, 내게도 믹스 커피는 소중하다. 커피 맛을 본 북인도 사람들도 어쩌면 취향이 바뀔지 모를 일이다. 손님 대접용으로 커피를 좀 비치해 두었는데, 손님을 대접한다고 한 잔 내오라니 다 떨어졌단다. 대접은커녕 한 번 맛보기도 전에 순식간에 사라진다. 맛에 대한 인도인들의 감각은 훌륭하니 별미에 끌리지 않을 리 없다. 좀 남겨 두어야 하는데 손이 가요 손이 가 자꾸만 손이 간다. 좀 치사하지만 진즉에 주지 말 걸 그랬다고 생각한다.

한편 시간이 지날수록 한동안 멀리한 짜이가 그리워진다. 커피 못지않게 중독성이 강하다. 이전처럼 하루에 몇 잔은 힘들어도 간간히 한두 잔 즐기고 싶어진다. 마시지 않으니까 또 그립다. 변덕이라고 해도 좋다. 짜이왈라가 오길 기다렸다가 나도 한 잔 달라고 말한다. 인도인의 커피와 한국인의 짜이에 대한 취향이 그렇듯 엇갈린다. 그런 나의 모습에 직원들이 웃는다. '짜이 좀 마실 줄 아네' 하는 뭐 그런 표정이다. 시간이 갈수록 변하는 건 비단 나의 취향 뿐만은 아니다. 법인은 그간 소소한 변화를 겪는다. 갑작스런 파업으로 사람들이 나가고 세무사를 바꾼다. 하물며 청소를 맡던 어린 부부도 귀향을 한다며 갑자기 떠난다. 사실 그런 변화가 특별히 이상할 건 없다. 흔들릴 필요 없다. 잘 이별하고 새로운 변화를 받아들이면 된다. 그건 내게도 마찬가지일 것이다.

4

카르나의 죽음

비전

다음을 향한
첫걸음

:

쿠루족 군대와 마주한 아르주나는 압도적인 위용으로 자신을 가로막고 선 상대의 진용 속에 자신을 가르친 스승과 동무들을 발견한다.

"저 분은 나의 스승이다. 내가 항상 숭배하던 분이다. 저들은 형제와 같은 나의 친구들이다. 저들에겐 먼저 다가서지 말라! 저들이 먼저 공격하지 않는 한 내 저들에게 활을 겨눌 일 없으리!"

하지만 또 한편으로는 마침내 숙적들과 마주한다. 카우라바족이다. 아르주나와 마주한 두리요다나는 비열하게도 쿠루족 원로들 뒤에 몸을 숨긴다.

이제 판두족은 유배를 끝내고 만인 앞에 모습을 드러낸다. 각자의 세를 결집하고 쿠루족은 분열되어 판두족 편에 선 자들과 카우라바족에 선 자들로 나뉜다. 크리슈나는 아르주나의 마차를 몰기로 한다. 드리타라스트라 왕은 사자를 보내 판두족을 회유한다. 감히 평화를 논하고 무엇이 선(善)인가에 대해 이야기한다.

"복수야말로 정당하지 못한 악(惡)이지 않는가? 파멸을 통해 너희들이 얻을 건 무엇이고 무엇이 선군의 도리인가?"

아르주나는 고뇌한다. 하지만 이것은 속죄와 보상을 피하기 위한 핑계에 불과하다. 저들은 빼앗은 걸 돌려줄 생각이 없다. 잃은 것을 되찾을 때다. 비록 적군에 삼촌과 조카, 나의 스승과 오랜 우정을 나눈 친구가 있을지언정 각자의 편에 서서 싸울 수밖에 없다. 그것이 운명이다. 크리슈나는 말한다.

"너는 슬퍼할 수 없는 자를 위해 슬퍼하고 있다. 이 싸움은 너의 마땅한 의무다. 만약 네가 이 정당한 싸움을 피한다면 너는 네 의무와 명예를 저버리는 것이요, 죄를 얻게 될 것이다. 이 싸움에서 네가 죽으면 천당을 얻을 것이요, 네가 이기면 이 땅의 즐거움을 누릴 것이다. 너의 할 일은 오직 행동에 있을 뿐 결코 그 결과에 있지 않다. 행동의 결과를 너의 동기로 삼지 말고, 결과에 집착하지 말라. 너는 네게 주어진 일을 행하여라."

판두족은 승리하고 잃은 것을 되찾는다.

전쟁과 죽음을 어떻게 정당하게 볼 것인가. 그러나 이 또한 생의 임무를 다하는 일일 것이다. 법인의 설립, 운영과 생산이란 임무를 마친 나는 이제 다음 임무를 향해 나아간다.

계절의 변화

다가올 계절을 예감한다. 으슬으슬한 겨울이 지나자 여름을 걱정한다. 인도의 여름이 어려운 건 도망칠 그림자가 없기 때문이다. 태양이 정수리를 튀겨내고 들끓은 지면은 생동하듯 아지랑이를 피워대지만, 흐물거리는 아지랑이의 촉수를 피하려 고개를 두리번거려도 마땅히 피할 곳 없다. 남의 집이든 회사든 어딘가의 '안'으로 숨고 싶다. 그렇게 한참을 더워지면, 하늘은 비로소 울음을 터트릴 것이다. 기껏해야 생활이 좀 피곤해질 뿐이다. 우기는 모두가 고대한 시기다. 곳곳에 물이 역류하거나 범람해 난리가 나도 올해 농작은 괜찮겠단 생각에 안도한다. 그렇게 피와 땀 그리고 빗물에 뒤범벅이 되면 별로 춥진 않지만 괜시리 추운 겨울이 다시 돌아온다. 내겐 살 만한 계절이지만, 그건 모기들도 다를 바 없을 것이다. 무릇 모기도 더위를 타는 법일 테니까. 내 한 몸뚱이 양식 삼는 모기에게 사실 인도는 사시사철 그런대로 살 만한 곳이리라. 대신 스스로의 생명을 담보로 생명수를 정산해 가야 할 것이다.

한편 법인의 계절은 예측하기 어렵다. 공장의 가동에 문제가 생겼다. 무난히 이어지리라 여겼던 생산 일정의 하나가 취소된 것이다. 예상하지 못한 일인데 얼마든 일어날 수 있는 일이다. 다른 일정이 잡히기까지 법인이 어떻게 생존할 것이냐가 도마에 오른다. 초기에는 예측된 프로젝트에서의 생산 거리에 의지한 법인 설립이었다. 하지만 기다릴 수만 없는 일이므로 결국 기존 사업 외 영업과 시장의 개척이 화두가 된다.

여기서 인도 진출은 또다른 시험 무대에 오른다. 시장 개척에 왕도는 없다. 의지와 열정으로 묵묵히 걸어가야 할 길이다. 쌓이는 경험과 인맥 속에 운이 따른다면 따를 것이다. 혹은 지독히 운이 따르지 않고 의지와 열정만으로 되지 않는 일이 있다는 것을 쓰라리게 느끼게 된다. 경쟁이 심한 시장은 그 시장대로, 업계와 사업의 분야에 따라 태동기에 불과한 시장은 그 시장대로 그들의 길을 가야 하는데 여기서 분명한 건 성공과 실패를 불문하고 아무것도 하지 않으면 인도에서의 미래는 없다.

참으로 막막한 일이다. 더욱이 신생 법인에겐 가혹한 일이다. 그러나 진출의 계기가 있었듯 법인이 존속될 이유가 있어야 하고, 당장의 모습이 아닌 미래의 길을 제시해야 한다. 그건 숙명이다. 생산 일정으로 정신없이 바

우기(雨期)의 뭄바이 출장.

빴던 시절이 행복했다는 걸 새삼 깨닫는다. 직원들도 눈치가 있다. 사기가 꺾일까봐 본사는 생산 일정 하나가 취소된 걸 알리지 말라고 지시했지만, 현장에서 본사보다 돌아가는 일을 모를 리 없다. 걱정이 되는지 서서히 이런 질문을 하기 시작한다. "다음 생산은 언제 시작되나요?", "일정이 취소되었다는 소문이 있던데요?", "다들 불안해합니다." 일이 많은 건 영 힘들어하더니 일이 없을까봐 두려운 것이다. 나는 다소 그런 상황은 있을지언정 걱정 붙들어 매라고 큰소리친다. 그리고 속으로 이런 질문을 던진다. '…자, 이젠 뭐하지?'

마침 본사에서도 법인 운영이니 현장 작업이니 일상적인 보고에 슬슬 시큰둥해진다. "언제까지 셋업(Setup)만 하고 있을 순 없잖아?" 바야흐로 홀로서기에 관한 이야기가 흘러나온다. 새로운 국면이다.

뜨거운 도전

뭄바이(봄베이) 출장을 떠난다. 법인 설립, 운영, 생산 그 다음은… 결국 영업이다. 영업과 협력의 측면에서 뭐든 가능성이 조금이라도 있는 업체는 모두 끌어 모아 만나보기로 한다. 하다못해 전화번호부를 뒤져서라도 업체와 사람을 찾아내는 것이 원래 내가 오랫동안 해온 일이다. 지름길은 없다. 잘하건 못하건 이가 없으면 잇몸으로 극히 현실적인 비즈니스일 뿐이다.

인도의 미래를 의심할 사람은 드물다. 그러나 장밋빛 미래까지 동행하려면 탑승료도 내야 한다. 기회와 잠재력 등 매력을 나열하면 끝이 없지만 겪고 넘어서야 할 숙제도 많은 것이다. 적극적으로 투자를 유치하지만 면세 지역 등을 벗어나면 높은 관세와 복잡한 세금 정책 그리고 관료주의 문제로 충분히 기업 친화적이지 못한 환경이 그 첫째고, 아직은 열악한 산업 인프라의 문제가 두 번째다. 분야에 따라서는 시장이 설익은 것 또한 당장의 진출을 망설이게 만드는 이유다. 가령 태동기의 제조업 분야일 경우 현지화에 부응할 만한 협력사를 찾기 어렵다. 동반 진출하거나 장기적인 관점의 파트너 개발이 필요하다. 아예 기지개를 펴지 못한 분야도 많아 진출한다면 시장을 선점한 뒤 밀고 끌며 때를 기다려야 하는 경우도 있다. 이럴 경우 당장의 결과물이 없으니 인도 시장은 대체 언제 터지는 거냐며 초조해한다.

마지막으로 알던 것과 다른 현실이다. 너무 유리한 쪽으로만 해석한다면 동상이몽이다. 먼저 시장의 실제 크기다. 흔히 광활한 내수 시장이라고 하지만 막연한 접근은 아쉽다. 인도의 전체 규모가 아닌 목표 시장을 분석하여 구체화해낼 수 있어야 한다. 인도는 일부만 취해도 상당한 규모의 매력적인 시장이지만, 그러한 사전 분석이 없다면 자칫 애매한 위치에서 자리를 잡지 못할 가능성도 크다. 가장 큰 오류는 이렇게 큰 시장인데 설마 팔 곳이 없겠냐는 것이다. 정확성 있는 데이터로 추산해낼 수 있어야 한다. 이미 법인 설립과 운영 과정에서 계속 다루었듯 수준 높은 풍부한 인력과 저렴한 비용에는 숨겨진 이야기가 많다. 수입하고 세금 내면 실상 남는 게 크지 않아 미리 계산을 잘 해야 한다.

장기전이 될 공산이 크다. 버틸 수만 있다면 언젠가는 그 대가를 받겠지만, 버티기 위한 장기적인 방향성이 중요하다. 상당 부분 기업의 명확한 의지와 비전이 발휘되어야 한다. 장기적으로 내수 시장을 쫓는 것인지, 영업과 생산의 허브로 키워낼 것인지 등 큰 그림과 그에 맞는 로드맵이 필요하다. 현재로써는 공공분야의 일거리가 현실적으로 규모 있는 성과로 이어진다. 하지만 그런 분야에서 기회를 얻어 진출하더라도 미리 그 다음을 생각해야 한다. 모두 공공사업에 참여할 순 없고, 아무것도 없는 맨 바닥에서 출발할 경우 기본적인 첫 단계부터 차근차근 시작해 다져갈 일이다.

적기에 진출해 수고와 비용을 덜면 좋겠으나 언제가 그 때인지 인도 밖에서는 누구도 알 수 없다. 만약 위험 요소를 크게 보고 물러서면 인도로 향하는 길은 점차 더 좁아질 것이다. 인도 역시 끊임없이 업데이트 된다. 누군가 선점하고 시장이 형성되기도 이전에 물밑 경쟁이 치열하다. 이미 그 결과가 현실로 드러나는 분야도 있을 것이다. 그래서 탑승료를 내더라도 인도는 눈앞에 두고 때를 기다려야 하는 것이다. 칼을 빼지 않으면 겨뤄볼 수 없고, 견디다 못해 뽑았던 칼을 도로 집어넣어도 다시 겨루기 어려울 것이다. 실제 망설이다 진출하지 못하고, 견디다가 철수하는 경우가 적지 않다.

아이러니하게도 인도의 비즈니스 환경이 좋아질 때는 이미 늦을 것이다. 그만큼 글로벌 경쟁업체들은 먼 앞을 내다본다. 당장은 난망하고 볼륨감 있는 비즈니스를 펼치지 못해도 아군을 만들고 어떤 방식이라도 발을 걸치며 버틴다. 그것이 결국 선점 싸움이다. 이 싸움에서 뒤진다면 적당한 때를 고르지 못한 실기(失期)의 문제라기보다는 그만한 비전과 실력, 그리고 내성이 없기 때문이다.

한때 나는 '중국=글로벌 시장'이라고 보고했다. 인도 또한 다를 바 없다. 시간이 갈수록 알짜배기 글로벌 기업과의 경쟁이 치열해진다. 어렵게 둘러댈 필요 없이 대개의 경우 그것은 가격 경쟁이다. 그만큼 가격 경쟁의 부담은 매우 커진다. 사업의 예산은 많지 않은데 많은 공급자가 몰린다. 그러한 요구에 대응하려면 수입은 최소화하고 현지화의 수준을 높여야 한다. 경쟁자도 수입 비중이 높으면 대등한 경쟁이 되겠지만, 그렇지 못할 경우 한국에서 만들어 수입한 제품을 세금 다 내고 제안해 경쟁하면 승산이 없다. 적시에 겨뤄 승자가 되기 위해서는 경쟁할 준비가 되어 있어야 한다. 하루아침에 준비할 수 있는 일이 아니다.

현지에 터전을 마련하고 기회를 노리며 노하우도 축적하고 미리 내 편에 설 협력업체도 만들어 놓아야 한다. 급하면 한국의 협력사가 동반 진출하는 방안이 있다. 이는 결국 동반 진출 업체의 현지화와 리스크 분담을 요하는데 고독하지 않은 인도행과 미래의 기회를 창출한다는 면에서 무척 매력적인 방법이다. 다만 이 경우 동고동락과 윈-윈의 진출 초기를 너머 좀 더 멀리 내다보아야 한다. 기존의 경쟁 관계 외에 머지 않아 몇 수 아래로 보던 현지 업체까지 성장해 무한 경쟁에 돌입하기 때문이다. 그들이 비집고 들어올 틈은 현지 거래선의 다변화와 안정화라는 명목이지만, 결국 원가 절감을 위한 가격 경쟁을 의미한다. 진출 초기부터 특정 사업과 거래처에 의존하지 않고, 현지화 수준을 강화하며 자생력을 확보해 지역 시장내 나름의 뿌리내리지 못한다면, 설마하는 사이 경쟁에서 밀려 노른자위를 내주거나 적어도 스테이크를 나누어 가져야 한다. 새로운 활로를 찾지 못해 허무하게 진출을 철회하고 철수하는 경우도 적지 않다. 그리고 성장한 현지업체들은 언젠가 고스란히 경쟁상대로 부상할 것이다. 기업이 계속된 도전에 직면하는 건 당연한 일이다. 글로벌 기업과의 경쟁, 중국 기업의 약진뿐 아니라 자국 기업의 이점과 가격 경쟁력을 내세운 인도 기업까지 우리에게 도전장을 내밀 것이다. 이미 중국에서 우리가 겪고 있는 현상이다. 피할 수 없는 경쟁이고 인도를 바라본다면 진지하게 접근하며 고민하고 있어야 할 부분이다.

이제껏 경험한 법인 설립과 생산도 쉬운 일은 아니지만 정해진 목표를 향해 열심히 달리면 결과가 나오는 일이었다. 법인 설립과 투자를 확신하게 만드는 명분과 동기가 되어주었고, 단기간에 일군 괜찮은 성과이자 성공 사례지만, 계산이 서지 않는 게임은 아니다. 그러나 영업은 좀처럼 계산이 서지 않는다. 당장 뭄바이행 출장만 해도 누구도 두 팔 벌려 반기진 않는다. 그 또한 하나의 업(業)이듯 손님을 귀하게 여기는 인도인들은 대개의 경우 오겠다는 손님을 막진 않는다. 그럼에도 굳이 올 필요 없다는 업체도 있었으니… 이번 출장길은 험난하다.

인도 재수생

현재는 아니더라도 미래, 현재에 만족해도 미래… 인도 투자는 비전에 던지는 돌과 같다. 다시금 뭄바이를 방문하니 새삼 그런 사실을 깨닫는다. 예전에도 비슷한 일로 뭄바이 출장을 온 적이 있었다.

풋풋하던 시절이다. 그해 여름, 회사는 중국에 능통한 경력자 대신 풋내기인 나를 채용했다. 나중에 알았지만, 즉시 전력감을 원하던 선배들 입장에선 그리 달갑지 않은 일이었다. 인도어와 중국어도 한다니 겉보기엔 양수겸장, 일석이조지만 일의 노련함에 비할 수 없는 설익은 재주에 불과했다. 모자란 능력은 키워보자는 생각이었던 모양이다. 하긴 익지 않은 사과도 제 철이 되면 어디든 떨어지긴 떨어질 것이기 때문이다. 어쨌든 나는 가릴 처지는 아니었다. 마침 원 플러스 원(1+1)은 당시 나의 취업 전략이기도 했다.

덕분에 '그곳'에 대한 기대와 관심은 오롯이 내게 향했다. 이때다 싶은지 선배들은 성과라곤 없는 인도 업체의 명함도 몰아주었다. 그리고 이름 대신 '어이, 인도'라고 불렸다. 마침 기성 시장의 대안으로 브릭스(BRICs)가 유행했다. 일개 사원에게 처음부터 큰 성과를 기대하기보다는 가능성을 타진해 보고 낯선 시장도 들여다보자는 의미도 있었다. 당장 가시적인 성과를 바란다면 경력직이 필요하고, 그에 맞는 과감한 투자와 지원도 뒷받침되어야 한다. 어쨌든 내겐 기회였다. 한 차례 중국을 다녀온 후 그해 겨울 곧바로 인도 출장길에 올랐다. 뭄바이에서 출발해 여러 지역을 돌며 전시회에 가보고 연락이 닿는 인도 업체들과 상담도 하며 시장 조사 보고서를 작성하는 게 임무였다. 다른 곳과 달리 같이 가고 싶은 사람이 없던 탓인지 해외 출장을 사원이 단독으로 간 것은 처음이라고 했다. 풋풋한 패기만으로는 많이 부족했던 기억이다. 하지만 인도는 미래였고, 나도 미래였다.

뭄바이의 전시회를 찾아갔다. 이름 없는 전시회의 동양인 참관객은 나 혼자였다. 인도의 전시회가 좀 그렇다. 이왕이면 전국 단위로 주최하는 전시회 하나 있을 법하지만, 어지간한 관심 분야가 아니면 지방마다 주최도 다르고 있다 없다 열었다 닫았다 한다. 아무래도 중앙을 중심으로 협회나 그 행정이 통일되기 어려운 지방 분권의 모습이 어느 정도 드러난다. 다양성을 포괄한 거대한 국가이기에 원래 전국 단위의 통계도 집계하기 어렵다. 막상 찾아간 전시회가 그러하니 볼 것도 건질 것도 없어 큰일이다 싶었다. 출장을 계획하며 어렵사리 찾아낸 전시회인데 이 정도로 볼품이 없다면 돌아가서 할 말이 없다. 자칫 다시 전시회를 가보겠다고 말을 꺼내기도 어려워진다.

그런데 거기서 한 인도 사람을 만났다. 허탈한 마음으로 전시관을 벌써 수차례 왕복 중인 나를 보고 전시회 부스에서 누군가 말을 걸었다. "여기로 와 봐요, 뭐 찾아요?" 나도 딱히 할 일이 없어 잠시 발걸음을 멈추고 명함을 건넸다. 그는 명함을 교환하며 앉았다 가라며 차 한 잔을 권했다. 전시회는 십여 미터밖에 안 되는 공간이어서 중앙의 통로 양 옆으로 늘어선 업체가 참가 업체의 전부였다. 지푸라기라도 잡고 싶은 심정이었다. 한국에서 떠날 때만 해도 은근히 기대를 품었다. 협력할 만한 좋은 업체를 찾아 성과를 올리는 꿈도 꿨던 것이다. 하지만 이젠 빈 손으로 돌아갈 걱정을 했다. 첫 단독 출장인데 성과는커녕 보고서조차 걱정이었다. 에라 모르겠다며 잠시 그곳에 앉았다. 그런데 소개를 듣던 그가 "당신한테 딱 맞는 사람을 알고 있다"고 하는 것이다. 그러더니 황급히 누군가에게 전화를 걸었다.

가뭄으로 메마른 땅에 비가 내리듯 참 신기한 상황이었다. 그렇게 만난 인물이 무척 흥미로운 사람이었다. 전시회에 참가한 것은 아니고 그 역시 참관만 할 뿐이라고 하는데, 자기가 다니는 회사라며 소개 자료와 카탈로그를 건넸다. 그 자료들에는 비록 제품의 설치 사례나 실물 사진은 없지만, 하고 있는 일만큼은 분명 내가 찾던 업체임에 분명했다. 더욱 귀가 솔깃한 건 이미 일본 기업도 전담 인력을 파견해 자신들을 돕고 있다고 했다. 기회가 될 경우 한국 기업도 관심이 많다는 반응인데, 물론 '꼭 해보자'보다는 '안될 건 없다'는 것이었다.

반겨야 할 상황인데 의구심도 들었다. 아직은 시기상조라고 생각했던 분야에서 물밑의 협력이 진행되고 있고 그 만큼 성장한 기업이 있는 건 선뜻 믿기 어려운 놀라운 소식이었다. 그런 업체를 왜 몰랐을까? 내가 이것저것 자세한 내용을 캐 묻자 그는 이왕 이렇게 되었으니 잘됐다며 갑작스러운 제안을 했다. "회사가 푸네에 있는데 같이 가서 직접 보는 게 어때요?"라더니 동료들을 불러 당장 가자며 손을 이끌었다. 일이 좀 커졌다. 순간 그렇게 해 볼까도 싶지만 나는 망설였다. 처음 만난 사람들과 홀로 동행한다니 조금 불안했다. 푸네는 차를 탈 경우 편도 두어 시간 거리다. 다른 일정이 있거니와 겁이 좀 났다. 출장을 와 비즈니스 미아가 되긴 싫었는데 내심 그들을 믿지 못한 탓이었다. 결국 한국으로 돌아가 먼저 샘플을 보낸 뒤 다시 방문하기로 한 뒤 헤어졌고, 일정대로 첸나이(마드라스)행 비행기에 올랐다. 돌이켜 보면 좀 소심했다. 순간의 선택이지만 그게 두고두고 후회할 일이 될지는 그때 몰랐다.

"간만에 참신한 보고네요." 출장이 끝나고 보고도 무사히 마쳤다. 하지만 그 출장은 나를 인도로 이끌지 못했다. 믿음을 주기엔 모자란 풋내기의 출장이었고, 푸네 업체에 관한 소식은 신선했지만 크게 흥분할 만한 건 아니었다. 반신반의했다. 카탈로그만 번듯하게 만들었을 것이란 추측도 했다. 일본 기업이 그 업체를 위해 전담 인력을 파견했다는 얘기에는 다들 설마 하며 고개를 갸웃했다. 무난한 보고를 해낸 줄 알았는데, 그 뒤의 평과 해석은 사뭇 달랐다. 참신하다는 말 하나도 얼마나 함축적이고 의미심장하며 순화된 표현일 수 있는지 깨달을 수 있었다. 노련한 부서장이 간단히 풀이해 주었다. "당분간 인도는 놔두고 중국에 집중하라고." 앞일은 모르니 인도의 업체들과는 좋은 관계만 이어가라고 지시했다.

지금 인도는 선택의 문제가 아니지만 당시엔 달랐다. 대세인 중국이 더 가까이 있고 인도는 다소 어렵고 멀게 느껴진 탓도 있었다. 인도 업체들과는 한동안 연락을 이어갔다. 서로 관심을 보였지만, 실질적인 진척이 없으니 관계는 곧 미지근해졌다. 획기적인 사업 기회를 발굴한다면 모를까 당장의 인도는 미완의 시장이자 만년 유망주, 내일의 시장으로 여겨졌다. 그런데 인도는 직접 가서 발로 움직이며 들여다보지 않는 이상 계속해서 먼 곳일 뿐이다. 간헐적인 탐방과 접근만으로는 한계가 있다. 어느 순간 인도 업체들은 더 이상 내 연락에 응하지 않았다. 이제 다시 출장길에 오르며 그랬던 기억을 새삼 떠올린다. 꼭 재수생의 마음으로.

푸네 비즈니스

좀처럼 이룰 수 없었던 푸네행(行)이다. 언제든 기회가 오리라 여겼는데, 인연이 닿을 때까진 생각보다 많은 시간이 걸렸다. 법인의 인도인 영업 담당자와 델리에서 뭄바이로 건너가 이틀 일을 보고, 사흘째 차를 대절해 푸네로 향한다. 비로소 그 업체를 방문하게 된다.

문득 뭄바이에서의 일도 떠오른다. 마찬가지로 출장을 다니며 맺은 인연이 있었다. 사업적 연고나 아무런 기반 기술 없이 무턱대고 협력을 원한다며 연락을 해온 인도인이 있었다. 나는 뭔가 기회를 도모할 것도 아니면서 뻔뻔하게 그를 이용했다. 그는 뭄바이 공항에서부터 나를 반갑게 맞이해 머무르는 내내 내 편의를 봐줬다. '순 양아치였군…' 새록새록 그런 기억이 떠오르자 갑자기 얼굴이 붉어진다. 법인 설립으로 건너온 뒤에도 여태껏 떠올리지 못한 부끄러운 기억이다. 그런 습관이 몸에 밴 것일지도 모른다. 전진할 때는 뒤돌아보지 않고, 미안한 기억은 새까맣게 잊는다. 그때… 시장조사를 한다며 그가 내준 차를 타고 원하는 만큼 돌아본 뒤 마지막에 그의 사무실로 향했다. 나는 그곳에서 돌아가며 그와 그의 직원들과 함께 기념사진을 찍는 시간을 가졌다. 인증 샷은 우리보다 인도 사람들이 먼저 좋아했다. 그 사진들은 어찌 되었을까, 아니 그는 지금 무엇을 하며 어떻게 살고 있을까? 단지 궁금할 뿐이다. 그럼에도 계속 앞만 보고 전진한다.

푸네로 가는 동안 부슬부슬 비가 내린다. 차창 밖 풍경은 온통 땀에 젖어 번들거리는 얼굴 같다. 뭄바이의 교통 체증은 악명 높다. 덥고 습하지만 에어컨을 켜니 오한이 느껴진다. 걸리는 시간은 시내를 벗어나는 시간, 고속도로를 타는 시간 반반이다. 혼잡한 도심을 어렵사리 벗어나자 한적한 도시 외곽을 거쳐 어느덧 고속도로가 펼쳐진다. 윤기 품은 진한 녹음 사이로 곧은 도로는 시원하게 열리는 지퍼처럼 풍경을 가로지른다. 그간 달라진 인도를 보여주듯 고른 길이다. 간혹 산세를 따라 굽이쳐도 흐름이 몹시 매끄럽고, 도로와 터널 다시 도로가 반복되며 빛으로 나설 때마다 아스라한 풍경이 눈부시다. 마치 현재와 과거 다시 현재의 필름이 오버랩 되는 듯하다.

오랜만에 연락이 닿은 푸네 업체는 처음엔 나의 방문을 거부했다. 나를 보쌈해 가려던 사람도 이미 회사를 떠난 지 오래였다. 새로운 담당자가 말했다. "만나서 뭐하죠?" 벌써 다른 업체들과 돈독한 관계를 맺고 있다는 설명이었다. 사업은 크게 번창한 건 아니다. 아직 물량도 적지만, 중요한 점은 실제로 제품을 만들어 공급하고 있다는 점이다. 그 의미는 시장이 커지면 무에서 유를 만들고 끈질기게 도전하며 경험을 쌓은 이 업체가 지역 업체의 선두권에 올라선다는 의미다. 그들이 아직은 자체 개발할 수 없는 핵심 부품을 공급하고 장차 경쟁 관계로 자리잡아야 하는 것이 나의 입장이다. 확인한 바로는 현재 핵심 부품은 예의 일본 업체로부터 잘 공급받고 있는 듯했다. 상대 입장에선 굳이 만날 이유가 없다. 피하고 거부하는 것을 거듭 요청해 겨우 방문 약속을 잡아냈다. 앞일은 모르니까… 불쾌감을 주지 않는 선에서 만나주지 않으려는 업체를 만나는 것도 나의 일이다.

약속 시간에 맞춰 도착한다. 역시 관심 밖이다. 담당자는 잠시 얼굴을 보이더니 갑자기 급한 회의가 잡혔다며 사라진다. 그래도 매너는 있다. 그동안 편히 기다릴 만한 회의실을 내준다. 기회가 되면 연구소를 한번 둘러보고 싶은데, 연구 개발(R&D)을 기반으로 할 경우 인도 기업도 보안이 꽤 철저하다. 속을 잘 드러내지 않는다. 그럴 때는 기다리며 보는 사소한 것들도 허투루 넘기지 못한다. 자세히 보면 이것저것 단서가 나오기 때문이다. 보아하니 일본 제품 외에도 영국 업체의 제품도 있고, 한국에서 보낸 샘플도 보인다. 바로 내가 처음 몸담았던 기업의 제품이다. 이럴 것이면 처음부터 적극적일 것을 결국 보내긴 보낸 모양이다.

마침내 담당자와 대면한다. 나름 긴 인연을 소개하고, 이런저런 얘기를 나누다 보니 생각보다는 우호적이다. 또한 감추지 않고 솔직해 돌아가는 현실에 대해 배울 점도 많다. 그는 예의 한국 제품도 테스트를 진행했었다고 말한다. 나는 그 제품도 잘 알고 있으니 우리의 제품과 비교해 이야기를 풀어 나가는데, 그의 평가는 좀 냉정하다. "제품은 괜찮다. 이런 제품은 처음부터 완벽할 수 없고, 현지에서 협력하며 보완할 부분이 많은 것도 이해한다. 하지만 문제는 그런 기술 지원이 충분하지 못하다"고 한다. 샘플과 매뉴얼을 주고 이메일로만 지원하는 데 반해 다른 곳은 엔지니어와 직접 만나서 해결하니 같을 수 없다는 점을 강조한다. 문제는 생기는데 답을 들을 때까지 시간이 걸리니 답답해서 진척이 더디고, 결국은 테스트를 포기하고 만다는 것이다. 회의실 구석에서 본 샘플은 그런 이유로 방치된 것이다. 꼭 현지에 상주해달란 요구가 아니라 자신들도 이 제품에만 목 맬 수 없는 입장이라 과정 자체가 아쉽다는 것이다. 마찬가지로 테스트는 언제나 반기지만 그런 방면의 준비가 없다면 차라리 시작을 하지 않는 것이 낫다고 말한다. 나는 그의 이야기를 주의 깊게 경청한다.

인큐베이팅

사실 익숙한 레퍼토리다. 예나 지금이나 인도 업체에서는 그런 반응이 되풀이된다. 살아있는 현장의 반응은 의미심장하다. 보고서에도 빠지지 않고 언급되는 부분이다. 하지만 계속 반복되다 보니 해결되는 것이 아니라 내성이 생기고 만다. 입장에 따라선 듣기 거북하다. 적극적인 지원이 필요하다는 요청에 무상으로 샘플을 제공했는데, 가뜩이나 사람도 없는데 현장 지원이 부족하다는 소리도 들린다. 회사의 역량이 부족하다는 건가, 엔지니어의 지원이 부족하다는 건가… 충분한 공감대가 없다면 누군가는 발끈한다. 중요한 내용인데 보고서에 그만 언급을 하라는 반응이니 갈수록 조심스러워진다. 경영진은 잘 좀 협력해서 지원하라는 말뿐이고, 분명한 비전이 없으면 그런 지원이 가능한 내부의 시스템을 만들지 못한다. 투자 대비 성과의 문제다. 게다가 부서 간에 알력도 있다. 그래서 보고서 상에는 결국 아주 짧고 간결한 문구로 요약된다. 즉, '밀착 지원 要'다. 매우 간단한 표현이지만 실천하기 어렵다.

인도를 보는 기업의 온도는 다를 수 있다. 사활을 걸지 않는 이상 인도는 원 오브 뎀(One of them), 잠재적인 시장 중 하나다. 설령 인도를 도모하기로 결정하고 투자를 해도 당장 기대할 수 있는 성과는 미미한 경우가 많다. 잠재력을 보지 않는 이상 지원을 해주면 올해 매출이 얼마나 되냐고 묻는다면 솔직히 답할 말은 없다. 성과주의를 논하기엔 이른 곳이다. 설령 미래를 본 장기적인 투자라고 여기더라도 투자 대비 성과가 적은 곳은 자연히 우선순위에서 밀리고 관심사에서도 멀어진다. 매출 목표에서 차지하는 비중이 작으니 연초엔 의지를 다져도 연말은 다르다. 계륵이 되기 쉽다.

한편 인도는 소위 인큐베이팅(incubating)이 필요한 곳이다. 그만큼 공이 많이 드는데 수출 시장 개척과 고객 발굴이 처음도 아니면서 왜 이렇게 유별나냐는 말도 듣는다. 특히 아직 태동기나 성장 단계에 있는 분야들이 그러하다.

가령 샘플 테스트를 예로 들자. 제공을 하면 다른 곳은 대개 우리와 합을 맞출 전담 기술자가 지정되고 피드백도 정기적으로 이루어진다. 나름의 노하우가 있으니 웬만한 것은 스스로 대처한다. 주요 단계마다 데이터도 공유하는데, 그렇게 테스트를 진행할 수 있느냐의 여부는 그 업체의 가치와 가능성을 평가하는 척도가 되어 그렇지 못한 경우 역량이 부족한 업체로 판단한다.

현장 지원도 많아야 처음, 중간, 끝 세 번으로 단순하다. 대부분 필수 인증을 획득하거나 기본 제품 교육, 테스트 질의응답 그리고 도입 후 문제점을 해결하는 일이 전부다. 이미 검증된 제품일 경우 그마저도 필요 없이 이메일로 연락이 오간다.

그런 기준으로 보면 인도 업체들은 가능성이 희박한 함량 미달일 뿐이다. 기술 인력을 지원한 부서에서도 성과를 매기고, 영업과 마찬가지로 흔히 지원 대비 매출 효과로 정량적 업무 성과를 측정한다. '정성을 다했다'는 업무 성과는 업무 평가서에 쓰고 또 써도 허전하다. 이런 구조에서는 인도는 기피 시장이다.

반면 인도 측의 생각은 전혀 다르다. 처음 시작하며 기술과 경험은 부족해 기초적인 테스트 단계부터 난항을 겪는다. 한국에선 그 정도는 기본이고 못하면 관두어야 한다고 생각한 것도 십중팔구 헤맬 경우가 많다. 지금 못할 뿐이지 인도의 기술자들도 경험이 쌓이면 무난히 잘해낼 일이다. 누군가 길을 알려주는 것이 절실하게 필요하다. 그런데 적극적으로 구애한다면서 샘플만 보내고, 현장 지원까진 아니더라도 필요할 때 전화 연락으로 해결하기도 어려우며, 답답하게 메일만 오가면 궁금한 것이 한둘이 아닌 입장에선 상당히 불편하다. 마음대로 테스트하다가 샘플이 손상되는 경우도 많이 보았다.

불신이 깊어진다. 이쪽과 저쪽의 입장이 다르니 시간만 흐르고 진도는 나가지 않는다. 이쪽은 상도의에 어긋난다고 말하고, 중국이 그랬듯 제품을 분해해 기술만 복제해가는 건 아니냐는 의심을 품는다. 묵묵부답하는 저쪽도 문제지만, 만나보면 저쪽도 일단 불만이 팽배해진 뒤의 얘기다.

이쪽은 상대의 역량 부족으로 결론 내리거나 쓰기 싫다는 우회적인 표현으로 받아들이고, 저쪽은 어찌되었든 이제 상관할 바 아니라는 반응이다. 샘플도 알아서 회수하라고 말한다. 인도에 보낸 샘플의 회수는 무상일수록 더욱 어렵다. 그런 오해와 갈등 자체를 떠나 아쉬운 쪽이 진 게임이다. 아무리 넓은 인도라도 협력할 만한 업체가 그렇게 흔한 건 아니다.

성과가 미미하다지만 이미 인도 시장은 물밑 경쟁이 치열하다. 한때 중국처럼 인도 역시 그런 기미가 보인다. 그렇다면 결국 간택되는 건 자신들의 필요와 아쉬움을 달래며 끈질기게 버틴 업체다. 한국 기업과 제품에 대한 호감이 있는데 후속 지원에 발목이 잡히는 건 가진 역량과 처지에서 선뜻 이해되지 않는다.

후발주자는 제품의 시장 검증 외에도 또다시 가격의 압박을 받아야 한다. 다가오는 미래를 본다면 한때의 성공 신화에서 벗어나 헝그리 정신을 되찾는 게 필요한 건 아닐까? 이에 대해 누군가는 우린 '세계'의 비즈니스 문법을 따른다고 강변한다. 마치 그렇지 못한 인도가 문제라고 말하는 듯하다. 그러나 인도에서 인도 탓을 하는 것도 틀린 말이다. 게다가 우리가 말하는 그 '세계'가 따르고 있는 것이 인도의 비즈니스 문법이라면 어떨까? 마치 동몽이상(同夢異床) 같다. 자책하는 것이지만, 간혹 우리의 비즈니스가 의외로 뻣뻣하다고 느낀다.

인도 比 중국

실은 지금껏 풀어쓴 인도 비즈니스의 민낯은 중국에서도 고스란히 경험했던 일이다. 요즘 인도에선 자주 중국을 떠올린다. 중국의 고속 성장을 인도도 곁에서 눈여겨보았던 만큼 '인도 기업의 중국 기업화'도 조금은 느껴진다. 또는 이렇게 볼 수도 있다. 중국에서 각축을 벌이며 경쟁하던 글로벌 업체들이 이제 인도에서도 동일한 전략을 구사하는 것이다. 적극적인 러브 레터를 받는 인도 기업들도 그런 대우에 익숙해진 부분도 없지 않다.

아마 누군가 말하는 세계의 비즈니스 문법도 바로 이 시점에서 여지없이 깨지는 것 아닌가 싶다. 중국과 인도의 미래에 환심을 사기 위해 무한정 퍼주기 때문이다. 이건 우리에게도 위협적인 면모지만, 바꾸어 생각하면 그만큼 인도 역시 무르익어간다고 볼 수 있겠다. 사실 캐시 카우(Cash cow)의 젖을 모두 짜낸 성숙기 시장은 그 상태를 유지할 뿐이다. 지나간 영광의 문법을 따를 것인가? 그렇다면, 비난을 감수하고 조금 비약해 이제 중국의 비즈니스가 표준이고, 세계의 주목을 받는 인도도 거기에 따른다고 표현해도 과언은 아닐 것이다.

중국도 마찬가지였다. 샘플의 선 구매가 아닌 무상 제공이 중국을 향한 사업의 의지였고, 적극적인 기술 지원이 더해져 현지 업체들은 빠르게 궤도에 올라섰다. 전 세계의 기업들이 몰려들어 열띤 경쟁을 벌였다. 인도 기업들도 무상 샘플과 전폭적인 기술 지원을 요구한다. 그리고 세계적인 업체들은 벌써부터 가능성 있는 현지 업체들을 밀착 지원하고 있다. 인도에 대한 구애는 갈수록 간절해질 뿐이다.

여기에 점입가경 중국 기업이 합세한다. 자신들의 시장에서 역량을 키운 그들이 치열한 경쟁의 대열에 서서히 합류하는 것이다. 아직 시장에서 충분히 믿음을 주진 못하지만, 벌써부터 가격으로 시장을 교란한다. 거듭 말하거니와 크나큰 내수 시장에서 국산의 이점을 안고 상당한 도입 사례(Reference)를 쌓아가는 점도 무섭다. 이들은 아직 내수에 머물러 있지만, 매력적인 내수 시장의 가능성과 잠재력만 보고도 너도나도 모여들어 목을 매던 시절이 불과 얼마 전이다. 성장이 너무 빠르고 영향력 또한 강하다.

형세는 복잡하다. 일본 기업들과의 경쟁도 문제다. 그간 일본 기업은 중국에서 힘을 발휘하지 못했다. 기술은 세계 최고지만 부진한 이유는 자신들만의 표준, 불필요할 만큼의 오버 스펙, 높은 가격 그리고 일본에 대한 부정적 이미지였다. 물론 인도에서도 일본 제품은 너무 과하고 비싸다. 하지만 최소한 부정적 이미지는 크게 없다. 여러 분야에서 피할 수 없는 경쟁에 직면해야 할 것이다.

무서운 건 자본력이다. 가만 보면 사회 간접 자본에 대한 굵직한 사업은 일본의 자본이 투입된 경우도 많다. 일본의 자금으로 진행되는 사업을 한국의 기업들이 수주해가는 경우도 있다. 일본의 자본력이 영향력을 미친다면 우리가 계속 과실을 얻어 가리란 법은 없다. 독보적인 분야가 아니라면 한국의 제품이 더 나은 점은 괜찮은 품질과 가격이다. 냉정히 보면 위에서는 글로벌 기업들이 지키고, 아래에서는 중국이 치고 올라온다. 글로벌 기업은 제품 자체뿐 아니라 제품의 표준 등 시장 선점의 대의를 먼저 취한다. 중국 기업은 이미 비교 견적의 대상이 되어 시장 경쟁에 압박을 가하는데, 이는 실제적으로 가시화된 위협이다.

일확천금을 기대하지 않는 전략

어쩌면 인도를 잘못 보았을지 모른다. 무르익지 않은 시장일 뿐이라고 물러서 더 나은 호기를 기다리면서, 인도로 가면 그들이 두 팔 벌려 우리를 반길 줄 알았는지 모른다. 가까이 들여다보면 이미 경쟁은 치열하고 그 흐름에 동참하기 위해 모두들 고군분투하고 있다.

유사한 과정을 겪긴 하지만 여기서부턴 인도와 중국이 다르다. 인도는 중국처럼 속도전을 벌이기 어렵다. "대체 인도는 언제 터지냐?"며 학수고대한다면 잘못 보았을 수 있다. 안타깝지만 그걸 끝까지 견디지 못하고 결국 반도이폐(半途而廢)하는 경우도 적잖다. 그런데 인도는 쾅하고 크게 터지진 않을 수도 있다. 대부분의 사회 변화도 완만하게 이루어지는 곳 아니던가. 터질 듯 터지지 않지만 조금씩 나아지고 기회의 문은 점점 좁아진다. 그러므로 인도 진출도 만성(慢性)이 되어야 할 듯하다. 한꺼번에 터진다면 좋은 일이지만, 화려한 반전을 기대하기보단 일단 인도는 인도에 맞는 방식으로 가늘고 길게 문을 두드려야 한다.

인도는 아직 표준이 정립되지 못한 분야도 많다. 그 표준이 마련된다고 해도 지역별로 각각의 표준과 요구 사항이 다를 가능성도 농후하다. 지역에 따라 여러 종류의 제품이 이곳저곳 기준 없이 도입되는데, 모두 따라가려면 가랑이 찢어질 지경이다. 그래서 있는 것만 가지고 타진하겠다고 해도 다가오는 기회와 준비된 제품의 스펙이 일치하기란 좀처럼 어렵다. 그렇다고 좀 더 지켜보자는 입장에서 물러서니 경쟁 업체는 끊임없는 구애로 공격적으로 달려들고 관계를 선점하는 것이다. 결국 (각 지역마다 다를지언정) 그들이 시장과 제품의 표준을 주도하기 마련이다. 선점에 가세하진 못하더라도 흐름을 따라가지 못하면 더 어려워진다. 지금 인도는 이미 그 흐름을 타고 있다.

전략이 무엇인지 곰곰이 생각해 본다. 확고한 신념을 전제하고, 해보고 되면 되고 아님 말고가 아닌 왜 인도인가, 무엇을 어떻게 접근할 것인가에 대한 정책과 방향성이 있어야 하리라. 가진 것 그대로 성공을 타진할 수 있으면 행복하지만, 그런 경우는 드물다. 그런 전략을 세우고 실행하기 위해서는 먼저 좀더 인도를 알아야 할 것이다. 이를 위한 창구로 연락 사무소 등 기초적인 투자를 하고 사람을 파견한다.

나 역시 그 역할을 해왔다. 그래서 난 인도를 꿰뚫어 보았을까? 불행히도 아니다. 그렇기에 시간이 많이 걸렸다. 보는 것과 해석은 달랐다. 같은 것을 다르게 해석할 수도 있다. 올바른 해석을 공유할 수 있어야 한다. 인도 비즈니스는 너무 간단명료한 것을 좋아해선 안 된다. 단순화하려고 들어서도 안 된다.

인도엔 인도가 없고, 인도 안에 또 다른 인도가 있다. 한 곳의 기회만 눈을 쫓지 않고 전체를 보되 추구해야 할 지점은 깊고 자세히 들여다보아야 한다. 인도 전체를 추구하긴 어렵다. 지역, 종교, 지리, 날씨, 계층에 따른 소비 수준 등등 비즈니스를 좌지우지할 요소는 너무나도 많다.

그렇다고 쉽게 단정하지 않고 확장 가능한 시각으로 접근하면 적어도 대략의 그림은 그려볼 수 있을 것이다. 전체 그림을 보았다면 구체화해야 한다. 전체를 아우르며 단계적인 목표도 설정할 수 있고, 선택과 집중을 할 수 있다. 당장 대응하기 어려울 경우 비교적 공통분모가 큰 곳으로 좁히고 첫 단계로 삼게 될 것이다. 이런 것들에 따라 무엇을 가지고 어느 곳으로 어떤 형태로 진출할지가 결정이 된다.

인도 앞에서 나는 수시로 부족함과 한계를 느껴왔다. 부족함과 한계 자체는 괜찮다. 다만 이를 체감하고 인도를 향해 좀 더 바람직하고 올바른 방향으로 나아가길 바랄 뿐이다. 성과에 대한 보장 없이 투자할 수 없다? 냉정한 소리지만 그렇다면 차라리 하지 않는 게 낫다. 그건 인도에서 비전을 찾지 못한다는 이야기와 같다. 대규모의 투자나 공공사업의 참여 등 좋은 기회로 인도 진출을 성사시키더라도 당장의 수익만큼 고민해야 할 것이 비전이다. 설령 그 비전이 중도에 수정되는 한이 있더라도 밀고 나갈 수 있을 만한 것이어야 한다. 두 팔 벌려 기다리는 사람은 없다. 우리가 찾아가는 것이다.

경마장 가는 길

큰 소득 없는 푸네 출장이다. 무상 제공할 테니 샘플 테스트를 한번 해보자고 해도 당장은 일손이 부족하단다. 많이 컸다. 격세지감을 느낀다. 아직 많은 공급량은 아니지만 먹거리는 끊임이 없는 모양이다. 그리고 먹어 본 놈이 안다. 이런 업체가 결국 앞서나갈 것이다. 떨떠름해도 억지로 만날 때부터 어느 정도 예상한 일이었다. 창구를 열었다는 것만으로 의미를 찾는다. 자주 연락하자며 활짝 웃으며 손을 꼭 잡는다. (다시) 사람 일은 모르니까… 그래도 좋은 건 인도 사람들은 일단 만나면 반갑게 환대해 준다. 중국은 매섭다. 옛 생각에 찾아가면 문전박대를 받는 경우도 더러 있다. 있을 때 잘하지 그랬냐는 것이다. 서로 신세를 져야 '꽌시(關係)'라 했던가…

푸네 방문은 끝났지만 출장은 계속된다. 제조업체나 딜러 외에 시장 조사도 겸해 특별한 곳도 방문한다. 경마장이다. 인도에도 마권(馬券) 사업이 있는 줄은 몰랐지만 전국 각지에 흩어져 있다. 식민지 시대의 흔적이다. 이 또한 여러 가지 일거리가 생길 만한 곳이다. 문제는 통일성이다. 지역마다 운영의 주체가 다르고 전국적으로 조달 시스템이 통합되어 있지 않으니 그때그때 필요로 하는 물품의 종류와 요구 조건이 다르다. 실제로 여러 마리의 토끼를 쫓기란 어렵다. 그럼에도 만나서 보고 들어야 알 수 있다.

경마장에서 만난 사람은 이곳 시스템을 책임지는 노회한 신사다. 그에게

뭄바이 경마장. 로얄 웨스턴 인디아 터프 클럽(RWITC).

서 나는 근사한 대접을 받는다. 만나기를 바라면 끝내 거부하진 못하고 또 만나면 손님을 잘 대접해 준다. 경마장은 겉보기에 어수선하지만 마권 판매소 뒤편으로 가면 사무실이 있고, 거기서 잠시 이야기를 나눈다.

잠시 후 그는 다른 곳으로 자리를 옮기자고 제안한다. 좀더 깊숙이 들어가니 한적한 장소가 나온다. 클럽 하우스가 있다. 들어가니 통로를 따라 경기를 중계하는 모니터와 그 아래 널찍한 의자들이 있고 더 안쪽으로 향하니 넓은 장소에 레스토랑이 자리잡고 있다. 건물은 낡았지만 감미로운 클래식 음악을 연상하게 만드는 고즈넉한 분위기다. 인도 신사와 나는 그곳에서 차를 마시며 대화를 나눈다. 그것으로 한 차례의 출장은 끝이 난다. 푸네 업체는 아니지만 몇몇 업체는 샘플도 보낸다.

계속해서 출장을 떠난다. 이번엔 대륙의 반대편으로 향한다. 방갈로르와

방갈로르(벵갈루루) 랄바 보태니컬 공원.

첸나이를 차례로 방문해 전시회도 참관하고, 근방의 업체들을 샅샅이 뒤진다. 영업에 관한 출장이지만 생산과 구매 업무를 위해서도 필요한 출장이다. 제조업은 남인도의 수준이 꽤 높다. 일찍이 한번 만나고 싶던 업체들을 이 기회에 만난다. 물론 영업은 더디다. 오랜만에 연달아 이어지는 출장길이지만, 예전과 다를 바 없는 막막함도 느낀다. 언젠가 한 친구가 내게 물어본 적이 있다. "시장 개척은 어떻게 해야 잘할 수 있어?" 그때 나는 할 말을 찾지 못해 그냥 얼버무렸던 기억이다. 지금은 더 근사한 대답을 할 수 있을지도 모르겠다.

하지만 답이 멋질 필요는 없다. 그건… 그냥 끊임없이 도전하는 오디션 같은 것, 즉 파종(播種)이다.

epilogue

이별은 뜨겁게

　가능한 인도 대륙에 발을 넓힌다. 요령은 없다. 씨앗을 뿌렸다면 이제 시작에 불과하고, 앞으로 법인이 키워나가야 할 씨앗이다. 그러는 사이 나의 임기도 끝나가고 있다. 인도를 향한 나의 전쟁, 인도 비즈니스를 향한 나의 송가(頌歌, Gita)도 일단 여기까지다. 누군가 파종을 한다면 열매를 거두는 사람도 있을 것이다. 하지만 떠난다는 말을 직원들에게 차마 전하기 어렵다. "오늘까지 알리겠습니다." 다소 상투적인 표현이지만 이별은 강해져야 한다.

　새롭게 인도를 만나는 사람들도 강인해져야 한다. 모두의 관심은 화려하지만 잠깐의 반짝임에 끝난다. 곧 날카로운 말들도 들린다. 별 성과 없이 요란하다는 것이다. 내게 불어온 첫 인도風도 거기서 잠시 멈췄다. 그리고 다시 불어오기까지 시간의 간격이 있었다. 이렇게 멀어지는 거라고 생각했다. 칼이 부러지면 돌을 집어던지듯 다른 곳을 전전했다. 북경에서 머물고, 중국의 산업 도시들도 유랑했다. 필요하면 동남아나 중동, 심지어 다른 곳으로 대타 출장을 떠났다. 어떤 분은 인도를 안다는 내게 이슬람식 인사법을 건넸다. "앗살라무 알라이쿰!(평화가 당신께!)" 그러면 나도 모른 척 "와 알라이쿰 앗살람!"이라고 답했다. 빡빡하게 굴 수 없다.

그리고 두 번째 인도풍이 불었다. 당장이라도 무언가 큰 일이 벌어질 것 같았지만 덤덤했다. 그래도 마음속 깊이 믿음이 생겼다. 바람은 잠시 멈출지라도 계속 불어온다는 것을 알았기 때문이다. 그 믿음 속에 많은 것을 쏟아낼 수 있었다. 법인을 만들고 인도에 머무는 동안 한바탕 신명나게 놀아보고 떠나는 기분이다. 때로 실망과 아쉬움도 있었지만 그건 그런대로 계속 갈 길을 간다. 다음은 무엇일까? 자신을 믿고 담대해지려 노력할 뿐이다.

귀국을 앞두고 마지막으로 출근한다. 이별은 힘들다. 오전에 출근해 간단히 몇 가지 일을 보고 슬쩍 짐을 챙겨 나간다. 아무렇지 않은 듯 퇴근하고 싶다. 하지만 그런 덤덤한 이별을 동고동락한 인도인 직원들이 허락해주지 않았다. 막 건물을 나서려 할 때 모두가 길을 막아섰다. 그리고 한 명씩 차례로 뜨거운 포옹을 나눈다. 이러면 안 되는데 여직원까지 포옹을 하겠다니 마지막으로 모두가 기분 좋게 웃는다.

누가 진정한 영웅은 불타오르고 불을 지핀 자는 그보다 못하다 했던가? 영웅은 못될지언정 불을 지핀 자도 행복하다. 그것이 인도를 향한 나의 숙명이다. 이 글은 화려한 성공담을 이야기하지 못한다. 아마도 그건 내가 아닌 누군가가 이야기할 날이 올 것이다. 그래서 이곳에 적힌 어두운 이야기들도 어둠이 아니라 희망이라고 이야기하고 싶다. 설령 아쉬움이 있더라도 그 아쉬움을 곱씹어 계속 나아가면 될 일이다. 숙명에 따른 것 치고는 나쁘지 않은 이별이 아닌가.

이별은 뜨겁게, 다시 만날 수 있도록.

인도는 다르다!

저 자 | 鄭仁采
펴낸이 | 趙甲濟
펴낸곳 | 조갑제닷컴
초판 1쇄 | 2017년 9월 25일

주소 | 서울 종로구 내수동 75 용비어천가 1423호
전화 | 02-722-9411~3
팩스 | 02-722-9414
이메일 | webmaster@chogabje.com
홈페이지 | chogabje.com

등록번호 | 2005년 12월2일(제300-2005-202호)

ISBN 979-11-85701-55-4-13320

값 12,000원

*파손된 책은 교환해 드립니다.